A INTELIGÊNCIA HORMONAL DA MULHER

OBJETIVA

ELIEZER BERENSTEIN

A INTELIGÊNCIA HORMONAL DA MULHER

Como o ciclo menstrual
pode ser aliado, e não inimigo,
do equilíbrio feminino

OBJETIVA

Todos os direitos desta edição reservados à
EDITORA OBJETIVA LTDA., rua Cosme Velho, 103
Rio de Janeiro - RJ - CEP: 22241-090
Tel.: (21) 556-7824 - Fax: (21) 556-3322
www.objetiva.com.br

Capa
Marcelo Pereira

Redação Final
Alessandra Porro

Revisão
Tereza da Rocha
Neusa Peçanha

Editoração Eletrônica
Abreu's System

2001

B489i
    Berenstein, Eliezer
        A inteligência hormonal da mulher / Eliezer Berenstein. -
    Rio de Janeiro: Objetiva, 2001

    177p. : Bibliografia   ISBN 85-7302-364-3

    1. Ginecologia - Hormônios. 2. Menstruação. 3. Psicologia
    feminina. I. Título
                                 CDD 618.1

AGRADECIMENTOS

Agradecer às pessoas que direta ou indiretamente contribuíram para esta obra nascer necessitaria de um novo livro.

Em primeiro lugar agradecer a meus parceiros na vida médica, Aldo Arenella (Z'L') e Orlando Rodante Filho (Z'L'), por me ajudarem a nascer como médico. Vocês foram médicos parteiros maravilhosos.

Aos que acreditaram em mim durante os períodos de engatinhar e me orientaram por que caminhos seguir: Waldemar Bliacherieni, Luiz Rozman, Walter Gilberto Ramos e Francisco Juares Fusco.

Ao meu amigo Eliano Pelline que continua me ensinando a olhar novos caminhos e seguir seu exemplo.

Ao meu grande irmão de jornada, Marcos José Pires, por sua companhia em todas as horas. Você é o maior parteiro vivo que conheço.

Aos jornalistas César Teixeira e Alessandra Porro que estão me alfabetizando no mundo literário.

A Silvia Regina Paghi que é a única secretária que agüenta minha TPM constante.

A minha família que me ensina a ser pai, marido, tio, irmão e humano.

Serei eternamente grato às minhas clientes que me mostram suas inteligências femininas hormonais ou não.

Finalmente, grato à vida, que tem me dado tanto.

E grato pela compreensão aos que esqueci de agradecer.

Sumário

INTRODUÇÃO

Vivemos numa era de rápidas mudanças sociais e científicas. O homem vem conseguindo desvendar os mistérios que o cercam. Da criação do mundo até a evolução da humanidade. Como médico, me foi impossível ficar imune à avalanche de informações e novidades que surgem todos os dias, principalmente àquelas que dizem respeito à minha área de atuação. Ao longo de 23 anos de profissão, questionei-me como esses avanços poderiam interferir na vida das minhas pacientes. E isso mudou radicalmente minha maneira de ver e entender as mulheres.

Formei-me em 1978 na Universidade Franciscana de Medicina, em Bragança Paulista, SP, como ginecologista e obstetra. Quando comecei a clinicar enxergava as mulheres exatamente como meus colegas: minhas clientes eram pessoas que vinham se tratar de problemas no sistema reprodutor. E ponto. Afinal, para a ginecologia, o importante é cuidar do útero, dos ovários, das mamas. Aos poucos, comecei a perceber que mesmo estando com órgãos aparentemente saudáveis, várias queixavam-se de incômodos que não eram descritos nos livros de patologia e propedêutica — o manual onde os sintomas são catalogados.

Havia mulheres que, após dar à luz crianças extremamente saudáveis, em partos sem nenhuma complicação, voltavam ao consultório preocupadas, sem saber por que sentiam-se tristes ao amamentar. Outras sofriam de grandes desconfortos na fase da menopausa apesar de níveis hormonais dosados freqüentemente, com resultados adequados no

9

laboratório. Pacientes jovens, no auge de suas carreiras, não apresentavam nem doenças orgânicas ou psiquiátricas, mas reclamavam de sintomas cíclicos mensais — como inchaços e dores pelo corpo — e tinham a sensação de estarem enfermas. Além dos alertas físicos, muitas vezes era difícil entender seu comportamento irritadiço ou depressivo, ou até mesmo sua perda de qualidade de vida por uma doença chamada Síndrome Pré-Menstrual (SPM).

Atendi também a casais cujos exames feitos para descobrir a causa da infertilidade revelaram-se infrutíferos. A medicina tem um nome para essa condição: Esca (esterilidade sem causa aparente). Surpreendentemente, muitas vezes um dos parceiros era tratado com medicamentos hormonais com excelentes resultados em termos de gravidez.

Estudando e observando esses fenômenos, foi crescendo em mim a convicção de que havia um vasto repertório de conhecimentos sobre as mulheres pouco descritos nos tratados médicos. Essa constatação motivou-me a buscar novas formas de terapias, entre elas, a homeopatia, em que o médico leva em conta outros aspectos do ser humano, além da questão clínica imediata. Isso mostrou-me uma nova visão da mulher e seus sofrimentos cíclicos.

Nos diagnósticos, nem sempre o que está alterado é mensurável, palpável, visível. Percebi que em muitas pacientes a perturbação poderia estar em sua feminilidade, ou seja, no conjunto de fatores (físicos, emocionais e sociais) que caracterizam o ser humano do sexo feminino.

A feminologia, como atitude médica, parte do princípio de que a resposta humana feminina é sempre global. É impossível, por exemplo, operar o corpo, no caso das cirurgias ginecológicas, sem interferir na feminilidade. Também após cada parto o quadro se modifica. A feminilidade é uma sob equilíbrio hormonal e outra quando os hormônios estão alterados. A relação entre o equilíbrio fisiológico e as emoções é delicada. O neocórtex interfere sobre o hipotálamo, sobre a hipófise e vai influenciar os órgãos, tecidos, funções corporais e o bem-estar em geral, inclusive mental e social.

Sob essa visão holística, acredito que várias doenças comuns que afligem as mulheres sejam decorrentes de alterações na feminilidade como é vivenciada em nossos tempos. A ciência passou muito tempo analisando pedaços e partes. Raramente é levado em conta o contexto em que se vive, quais as metas existenciais de cada um e como a frustração dessas metas pode nos adoecer.

E onde entram os hormônios nisso tudo? Há muito usa-se o QI — o quociente de inteligência — para avaliar a capacidade intelectual das pessoas. Por meio de testes e fórmulas, é possível quantificar o grau de inteligência prática e racional dos seres humanos. Recentemente outro tipo de inteligência passou a merecer bastante atenção, a emocional, ou QE, relativa à capacidade de lidar com situações abstratas, levando em conta a maturidade e as experiências vividas.

O conceito de QH, ou quociente de inteligência hormonal, surge como complemento necessário para explicar as variações de comportamento entre os gêneros feminino e masculino. Com a inteligência hormonal é possível explicar a evolução da espécie humana e as transformações pelas quais a civilização passou até os dias de hoje. É como se um tipo de elo (QH), capaz de ligar a mente racional (QI) e a emocional (QE), estivesse oculto, mas nunca estático. Não mensurável, mas sempre perceptível a quem o conhecesse.

Como é possível que uma descoberta tão importante tenha ficado escondida por tanto tempo? Em primeiro lugar, só recentemente — há menos de 50 anos — a ciência começou a entender o que são os hormônios e como eles agem em nosso organismo, principalmente no corpo feminino. Em segundo lugar, infelizmente, manter na ignorância o poder desse elemento na vida das mulheres atende a vários interesses.

Ao longo do livro fica comprovado como a humanidade passou milênios no escuro, sem ter a mínima noção de como esses minúsculos aliados, os hormônios, contribuíram para o aperfeiçoamento da máquina humana em seu funcional e racional equilíbrio. As limitações de médicos, cientistas e religiosos puseram a mulher em situações bizarras — vide perseguições às bruxas, a indiscriminada remoção de útero para "curar" a histeria há 100 anos, e estes são apenas alguns exemplos.

Águas passadas? Nem tanto. Nos últimos anos, o conhecimento do funcionamento dos hormônios possibilitou vários avanços louváveis, e o controle da reprodução e os tratamentos para a infertilidade merecem destaque. Porém, uma porta sombria foi aberta.

A aplicação, muito em voga, dos hormônios androgênicos no corpo feminino, para aumentar a libido ou suprimir a menstruação e seus incômodos, é a grande moda. Mas a idéia de interferir no ciclo menstrual — que a princípio parece ser apenas uma solução prática para um "probleminha" — pode ter conseqüências desastrosas. O uso clínico de hormônios masculinos, principalmente a testosterona, e sua ação no organismo da mulher devem ser avaliados, com sensatez, respeitando as metas da vida.

Portanto, o objetivo deste livro é estimular algumas reflexões sobre os hormônios humanos. É fundamental que mulheres e homens conheçam melhor a fisiologia e a bioquímica de seus corpos e como seu funcionamento é capaz de interferir em suas vidas pessoais, profissionais e sociais.

As mulheres levantaram muitas bandeiras ao longo do último século. E está na hora de erguer mais uma. Sem o autoconhecimento de como é importante a harmonia entre as três inteligências, QI, QE e QH, muitas podem estar compactuando para tornar sua vida mais difícil.

A feminilidade tem como base os ciclos mensais lunares em concordância com o cosmos. Uma mulher menstrua porque esse é um dos componentes de seu gênero. Praticamente tudo é cíclico em sua vida. Fazem-se presentes, além dos ciclos menstruais, o da adolescência, o gravídico-puerpural, da vida adulta, do climatério e, ao final, o da senectude. Os hormônios obedecem a estas fases como a Terra obedece aos ciclos de rotação e translação, que permitem a existência da vida no planeta.

E essa particularidade é exclusiva das mulheres em oposição à masculinidade, sempre constante, linear, sem nenhuma alteração.

Interferir ou brecar essa ciclicidade é o mesmo que alterar a feminilidade em relação ao cosmos. Transformar mulheres em homens — pois é isso que acontece quando doses maciças de testosterona são aplicadas para interromper o ciclo menstrual — é uma atitude tão machista quanto dizer que mulheres não podem ter cargos de chefia numa empresa por serem diferentes dos homens.

O que os adeptos dessa prática não dizem é que justamente por estar sujeita a essa ciclicidade, a mulher consegue ser mais criativa e ter mais jogo de cintura, em casa, no trabalho, na política. Ter uma visão reducionista da ciclicidade feminina, transformando-a num estorvo ou num simples processo orgânico, é tão ignorante quanto achar que a Terra é quadrada. Se a inteligência hormonal nos conduziu até os dias de hoje, tentando equilibrar as inteligências racional (QI) e emocional (QE), não é o uso do conhecimento médico que deve impedir essa evolução.

Além desses aspectos, será necessário entender a inteligência hormonal como um processo dinâmico. Os efeitos e as causas que descrevemos neste livro devem ser vistos também como uma possibilidade. Com referência a inter-relação bioquímica *versus* sentimentos, não há certezas absolutas. Cada ser humano é um indivíduo. E em se tratando de fenômenos naturais, com resultados subjetivos, tudo é relativo. Entre a biologia pura e a psicologia radical, deve haver muitas outras ciências.

Nota

Embora existam os hormônios medicamentosos (graças ao avanço tecnológico da indústria farmacêutica), nos referiremos **APENAS AOS HORMÔNIOS NATURAIS**, pois são eles os instrumentos que tocam as sinfonias e os concertos de nossas vidas. Quando estiverem normais e equilibrados, soarão em harmonia e no ritmo. Quando silenciados ou em desequilíbrio, as composições serão ruidosas, com temas de trovões e tempestades.

Da mesma forma, serão utilizados apenas os nomes genéricos de cada categoria de hormônios, sem classificá-los. Por exemplo: estrógenos, embora possam ser estradiol, estriol ou estrona, entre outros. Além disso, as pequenas mudanças moleculares, produtos do metabolismo, também não serão mencionadas, porque essas informações extrapolam o escopo deste livro.

Muitas descrições, opiniões e conclusões citadas são baseadas em experiência clínica e na universidade chamada "Faculdade de Vida", além de respaldadas na literatura, cujas fontes e pesquisas estão relacionadas ao final da obra.

As abstrações a respeito de aspectos históricos da evolução dos hormônios são possibilidades que o autor ousa fazer com base não em literatura científica, mas em uma lógica própria. Críticas expressas serão sempre bem-vindas, venham de onde vierem.

E.B.

Menstruar ou Não Menstruar, Eis a Questão!

Fernanda, 43 anos, é uma mulher de sorte. Nunca teve problemas com sua menstruação. Em compensação, sua filha Cristina, de 15 anos, como tantas outras mulheres, sofre todos os meses com dores e sintomas da tensão pré-menstrual, que numa escala quase maníaca pode avançar de depressão e tristeza até uma fúria homicida, com cólicas fortíssimas. Um verdadeiro suplício.

Essas duas mulheres, e a relação de cada uma com o próprio ciclo, são exemplos opostos. Entre esses dois pontos existem muitas variantes. Há mulheres que nunca tiveram TPM e, de uma hora para a outra, vêem aparecer os sinais avassaladores da síndrome. Com outras, sem medicação ou tratamento, acontece o contrário. Algumas têm cólicas principalmente nos meses frios do inverno, enquanto outras apenas incham e retêm líquidos no verão.

Há aquelas que funcionam como um relógio, com ciclos regulares, em oposição às que nunca sabem quando é que a menstruação vai descer. O sangramento durante esse período também pode ser mais curto ou mais longo.

Descartados problemas orgânicos nos órgãos genitais e do sistema reprodutor — a primeira providência quando sintomas sérios aparecem —, fica a pergunta: por que a menstruação incomoda tanto? E, afinal, para que menstruar? Por que existem tantos sintomas físicos e emocionais envolvidos no processo?

Atualmente, várias teorias e procedimentos vêm apoiando a abolição da menstruação e pouco se fala sobre as conseqüências desse ato. Tampouco se explica que menstruar é apenas uma parte de um processo fisiológico e hormonal importantíssimo para a vida das mulheres. Este livro se propõe abrir a discussão e esclarecer se esse fenômeno é uma sangria inútil ou uma grande manifestação da inteligência feminina e parte intrínseca do seu equilíbrio.

1

A Orquestra Hormonal Sinfônica

Se moléculas podem influenciar
nossa mente e nossos sentimentos,
nossos pensamentos e ações podem influenciar
as nossas moléculas

S e você já ouviu um concerto de música clássica, com uma orquestra completa, remeta sua memória para lá e comece a lembrar a melodia das músicas, o som dos instrumentos, enfim, do conjunto todo.

Enquanto ouve, preste atenção. Você vai perceber que aquela música que chega até você parece ter um único som. Porém, se mergulhar nessa melodia, notará que alguns sons diferentes compõem o conjunto. Há o grupo dos sopros, das cordas, da percussão, talvez até um solista. Apurando mais sua audição, você pode perceber que cada grupo é formado por vários instrumentos: nos sopros estão as trompas, os trompetes, as flautas, a tuba, o oboé, o clarinete, o fagote. Nas cordas temos os violinos, os violoncelos, os contrabaixos. Na percussão, os tímpanos, os pratos, os sinos, os triângulos. Dependendo da composição, os solistas tocam o piano, a harpa ou outro violino.

Percebe-se também, durante a execução da música, que alguns instrumentos tocam mais baixo, outros mais alto, em ritmo lento, um pouco mais acelerado ou bem rápido. Em outros momentos, todos juntos, lenta ou rapidamente, alto ou baixo.

E os solos! Às vezes é um único instrumento, sozinho, que toca mostrando todo o seu esplendor e brilho, em determinado momento poderá ser outro instrumento. Esse fluir de sons, ritmos e harmonia foi composto para nosso deleite e bem-estar. Com nossos hormônios acontece o mesmo.

O sistema hormonal humano, — principalmente o feminino — também funciona como uma orquestra perfeitamente harmônica. Cada acorde é fruto da emissão hormonal de cada molécula, ou instrumento, que compõe a sinfonia. Nenhuma é mais importante do que a outra.

Cada um apresenta-se no momento determinado em que é solicitado. Ouvem-se esses acordes e os outros instrumentos acompanham-nos, baixando seu som sem perder a melodia, porque estão de olho na partitura e ouvidos no ritmo.

No organismo humano, a orquestra hormonal também executa vários concertos harmônicos com a sinfonia da natureza ao longo de nossa vida.

Nada se sabia sobre os hormônios até que o neurologista e endocrinologista francês Charles Édouard Brown-Séquard (1817-1894) demonstrou que as adrenais, a tireóide, o pâncreas, o fígado, o baço e os rins produziam substâncias microscópicas que entravam na circulação sangüínea para exercer suas ações em locais distantes no organismo. Mais tarde, essas substâncias foram chamadas de hormônios. Hoje, esse universo bioquímico parece ser infinito. São conhecidos cerca de 40 hormônios diferentes que circulam pelo corpo, cada um com uma missão distinta: da manutenção do peso e controle do crescimento à defesa imunológica. Apesar de ainda estarmos engatinhando no conhecimento da hormonologia, avançamos muito.

Para efeito didático, consideraremos toda substância hormonal como um mensageiro bioquímico que parte de seu local de origem (uma glândula ou conjunto de células com capacidade para produzi-lo), através da corrente circulatória, em direção a algum tecido ou célula que necessite de sua ação. Ele interfere na função de outro órgão para manter seu equilíbrio ou executar uma tarefa específica. Assim, o hormônio é produzido com uma determinada meta ou alvo para preservar, manter, modificar e melhorar o ser humano. Ele poderia ser comparado a um serviço de correio, em que a "mensagem" de cada hormônio é o valor a ser entregue. A bioquímica é apenas o veículo.

Os hormônios são controlados por um mecanismo de *feedback* ou retroalimentação. Por este mecanismo, sempre que um hormônio é lançado na circulação, ele informa seus controladores de produção — ou seja, sua glândula de origem — a respeito de seus níveis e de suas ações. Assim é que se estabelece o equilíbrio hormonal.

Um exemplo é o caminho percorrido pelo estradiol, um dos estrogênios produzido por células dos ovários. Estas células necessitam de um estímulo que na primeira fase do ciclo menstrual é o hormônio folículo estimulante (FSH). Na segunda fase, é o hormônio luteinizante (LH). Ambos são produzidos pelas células da hipófise, uma glândula localizada sob a face inferior do cérebro. Como se vê, esse processo é interdependente, e a produção, circulação e equilíbrio de um hormônio dependem de outros hormônios.

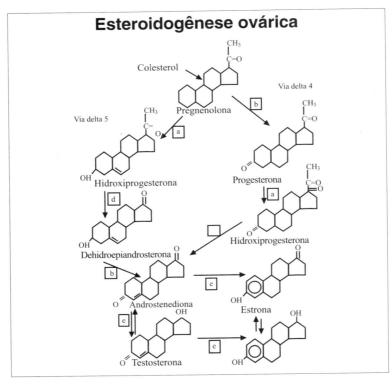

Esteroidogênese ovárica

A missão do estrogênio é criar o estro, ou seja, o ambiente interno para a reprodução. Além dos efeitos internos, o resultado de sua presença pode ser visto na pele típica feminina, cabelos, mamas, genitais, tom de voz, emoções e... pensamento; portanto, ação feminina ou feminilidade.

Uma vez que tenha cumprido sua missão, o estradiol é novamente lançado na corrente circulatória, onde repetirá várias vezes essa tarefa até ser eliminado da circulação.

O mesmo exemplo serve para os androgênios, hormônios com ações masculinas. As células das gônadas do homem (testículos), influenciadas pelo FSH produzido na hipófise, executarão suas missões e seu resultado pode ser visto pela barba, voz grossa, mamas reduzidas e ação masculina ou virilidade ao longo da vida. Os hormônios também mantêm, desde a vida intra-uterina, o impulso chamado libido que, no decorrer da infância, vai sendo moldado pela educação, pelas experiências de vida e pelo meio ambiente, de tal forma que, ao aproximar-se da puberdade, toma a forma de sensualidade.

Esta sensualidade, por sua vez, determina a consciência da auto-imagem e a criação da imagem pública do ser sensual. Os hormônios exercem seus "comandos de ação inteligente" ao moldar, por exemplo, o timbre da voz. No menino, modulam aquele vozeirão mais grosso, sinônimo de poder, e na menina, a voz mais fina, sinônimo de sedução. Na puberdade, os comportamentos sexuais já se fazem presentes através da identidade hormonal, reforçados pelos grupos de apoio dos colegas da mesma idade.

Desde a concepção do bebê a diferenciação dos gêneros se faz por meio dos hormônios. Eles determinam o sexo genético (com cromossomos XX nas mulheres e XY nos homens) e o sexo gonádico (ovários para as fêmeas e testículos para os machos).

Uma criança do sexo gonádico masculino (com testículos) com hormônios masculinos (androgênios) teria grande dificuldade para adaptar-se a uma educação que lhe impusesse experiências dissonantes de seus imperativos hormonais.

As moléculas hormonais possuem "memórias comportamentais" que impõem ao sistema nervoso um padrão de pensamento consoante com seus objetivos perenes. Aos três anos de idade, a menina, influenciada pelos seus estrogênios, exercita, ao cuidar de suas bonecas, uma função que executará mais tarde, quando adulta, ao gestar e amamentar. *Seu comportamento em geral é coerente com suas metas biológicas.* Teoricamente, quando o garoto está brigando com os amigos ou brincando no *videogame*, também estará ensaiando o futuro.

Além das "memórias comportamentais", essas moléculas possuem um imperativo de ação, a inteligência hormonal (QH) que influencia a QI e os sentimentos e emoções
(QE). Este imperativo de ação inteligente são os impulsos
ou instintos. Hoje entendemos que se trata da própria QH
ou dos imperativos bioquímicos a que se referiam o psicana-
lista Sigmund Freud e outros autores no início deste século.

Para entendermos qual o efeito dos hormônios sobre
nossas inteligências racionais e emocionais, devemos diferenciar dois fatos importantes. O primeiro é que o cérebro
está constantemente mergulhado em hormônios. O segundo fato é a diferença física e biológica entre os gêneros. No
homem essa imersão é composta basicamente de androgênios,
hormônios determinantes da masculinidade, como a testosterona. Na mulher, esse "banho" hormonal é mais variado e
depende da fase da vida e do ciclo em que ela se encontra.

Na infância, predominam os estrógenos em baixos níveis até a puberdade. Daí em diante, há em níveis crescentes
de estrógenos até o aparecimento da progesterona, que determina a primeira menstruação ou menarca.

Durante a adolescência, ainda em ciclos irregulares, estrógeno e progesterona existem como na vida adulta, porém
oscilando mês a mês devido a uma certa imaturidade do eixo
hipotálamo-hipófise-ovariano.

Na primeira década de vida, o eixo neuroendócrino (sistema nervoso/hormonal), que controla as funções femininas, está inativo devido a um "freio" estabelecido pela região
do cérebro chamada hipotálamo.

Com a chegada da puberdade, o freio é desativado e o
eixo hipotálamo/hipófise/ovários torna-se ativo. Os estrogênios não influenciam somente os órgãos reprodutores, mas
afetam a memória, a cognição, a organização e expressão dos
ritmos biológicos e psicológicos típicos da feminilidade.

Na adolescente, o hormônio folículo estimulante (FSH), durante 15 dias após a menstruação, leva um óvulo dentro do folículo ovariano dominado pelo estrogênio ao amadurecimento. No final desse período há a ruptura desse folículo e a liberação do óvulo. Nesse local, no ovário, por influência do LH será produzida a progesterona, e onde havia o folículo forma-se o corpo lúteo ou corpo amarelo. É possível ainda que, nas adolescentes, os primeiros ciclos possam ser anovulatórios, ou seja, a menina menstruará, mas nem todo mês estará liberando um óvulo. Essa situação de redução da ovulação irá se repetir no período da pré-menopausa, diminuindo a fertilidade feminina.

O climatério acontece por volta dos 50 aos 60 anos, quando pelo determinante cerebral, a mulher pára de ovular, deixando também de menstruar. A isso chamamos de aciclicidade, ou seja, ausência dos ciclos. Na senectude, após os 60 anos para homens e mulheres, ocorre uma diminuição lenta na produção de todos os hormônios.

Até há algum tempo, achava-se que a menopausa (última menstruação) acontecia exclusivamente devido ao esgotamento dos folículos ovarianos. Hoje sabemos que a causa da aciclicidade permanente das mulheres está no sistema nervoso central. Muito antes da perda da reserva folicular do ovário, da perda da fertilidade e da fecundidade pelos órgãos genitais, é no marca-passo cerebral que inicia-se a menopausa. Com a perda da ciclicidade, e a conseqüente redução dos pulsos de LH e FSH, há uma diminuição de estímulos aos ovários.

O período em que se iniciam os ciclos sem ovulação (anovulatórios), que podem coincidir com a idade média de 45 anos, chama-se climatério. Esse período finda com a chegada da senectude, quando há uma queda ainda mais acentuada da função hormonal.

É importante saber que o primeiro hormônio a ter sua produção reduzida é a progesterona (hormônio predominante na segunda fase de cada período menstrual). Em uma situação fisiológica normal, o climatério se apresenta como uma fase assintomática da mulher e mesmo com a ausência de menstruação, suas inteligências racional e emocional não são prejudicadas pela inteligência hormonal. Ao contrário, nas situações de climatérios bem compensados — administrando-se hormônios naturais, sob acompanhamento médico — há melhora nas inteligências racional e emocional, impulsionadas pela experiência acumulada ao longo dos anos da vida feminina.

Esse fenômeno se dá pela maravilhosa existência da inteligência hormonal, que passa a produzir androgênios para compensar a perda dos progestágenos, resultando em melhora na pele, no aumento da libido (impulso sexual) e até da agressividade no comportamento profissional, da autoconfiança e em um bem-estar que podem surpreender. O climatério pode representar uma ameaça quando descompensado e um ganho quando compensado.

Conduzido com as três inteligências harmônicas — emocional, racional e hormonal — dentro de circunstâncias estimuladoras e aliado à experiência de vida, o climatério é uma etapa em que a mulher pode usufruir de todo o seu potencial intelectual, cultural, profissional e pessoal.

Assim, se o cérebro está "invadido" por esses hormônios, dependendo do ciclo e da fase, é óbvio que o resultado de sua ação será a composição dos "produtos mentais" (emoções, pensamentos e impulsos que constituem nossa consciência) com as características de cada hormônio. Em outras palavras, se o cérebro está imerso em um meio hormonal com predomínio estrogênico, a mentação, ou o modo de agir, pensar e se relacionar com o mundo terá seu perfil.

24

Um cérebro masculino (estrutura) mergulhado em um meio artificialmente estrogênico (hormônio feminino), gerará um produto mental feminilizado. Possivelmente se os generais tivessem a progesterona e suas influências afetivas, cooperativas e protetoras, não teríamos tantas guerras como tivemos e ainda teremos. Por outro lado se um homem sofrer de problemas graves em seu fígado, ele se tornará suscetível a produzir estrogênios. Alcoólatras crônicos, em fase de cirrose, começam a ter a pele aveludada, com crescimento dos seios e perda da virilidade, entre outros efeitos do estro.

Essa breve descrição mostra, resumidamente, como os hormônios cooperam de formas diferentes ao longo da vida. A infância e, principalmente, a terceira idade serão etapas analisadas mais adiante, no capítulo dedicado ao hormonograma, cuja função é criar uma espécie de calendário com o que ocorre com o físico e as emoções durante o ciclo menstrual, gravidez, menopausa. Assim, é possível reconhecer quais os hormônios atuantes e de que modo viver a vida de forma harmoniosa e sem conflitos.

Bendita Menstruação

É a ciclicidade propiciada pela variação hormonal, a cada mês, uma das responsáveis pela maior adaptabilidade e criatividade inerentes ao sexo feminino, tais como cuidar da casa, dos filhos e do trabalho, tudo praticamente ao mesmo tempo. O neurologista americano Roger Gorski, da universidade americana de Yale, demonstrou em estudos que graças ao estrogênio as células nervosas do cérebro conseguem criar mais conexões. O resultado disso é a melhor comunicação, sensibilidade, e provavelmente aí está a origem da intuição feminina.

Não quer dizer que, para usufruir de todas as vantagens proporcionadas pela múltipla ação hormonal, é preciso menstruar como fenômeno de eliminação de sangue, mas sim ciclar-se mensalmente, apanágio da feminilidade. E em muitas mulheres a sensação de incômodo durante esses dias é enorme. De pequenas dores no baixo ventre a cólicas insuportáveis seguidas de febre, a gama de sintomas é imensa. O que precisa ficar claro é que nenhuma dor, assim como nenhuma manifestação emocional intensa, é normal.

As cólicas, por exemplo, podem ser provocadas por fatores de ordem orgânica ou psicossomática. Entre as mulheres mais jovens, o colo do útero é imaturo, ou seja, muito fechado. Assim, esse órgão precisa fazer maior esforço para expelir o sangue menstrual. Geralmente essa condição muda após o primeiro parto. Há também mulheres que só experimentam essas dores algumas vezes na vida. Isso pode ocorrer porque o útero não é um órgão estático. Algumas circunstâncias, como excesso de exercícios físicos, podem mudar sua posição no abdome. Ele pode sair de sua posição anterior à bexiga (posição retrovertida) e ainda dobrar-se sobre si mesmo (antiversofletido), dificultando o fluxo sangüíneo. As cólicas também podem ser sinais de endometriose (ver Capítulo 6). O mênstruo é composto de 10% de sangue e 90% de água. Por vezes essa fórmula se altera, com maior presença de sangue e formação de coágulos, mais difíceis de serem eliminados.

Existe também o fator cultural. As chamadas cólicas psicogênicas acontecem geralmente em mulheres com baixa tolerância à dor. A expectativa em relação aos tais dias é de grande ansiedade. Pequenas contrações, dentro da normalidade fisiológica, são sentidas como dores de parto. Uma analogia interessante pode ser feita com o funcionamento da bexiga ou dos intestinos. Quando temos vontade de urinar ou evacuar, esses órgãos enviam sinais nos alertando de que é hora de procurar um banheiro. Mas ninguém cresce ouvindo que "fazer xixi" dói! O útero também manda uma mensagem avisando que é hora de eliminar o sangue menstrual. Mas desde pequenas as mulheres ouvem que menstruar é um estorvo, que dói e incomoda.

Quando há algo errado com os intestinos, aparece a diarréia; com as vias urinárias, a cistite; quando a menstruação é acompanhada de dores e sofrimento é chamada de dismenorréia e deve ser tratada após a identificação de sua origem, com acompanhamento médico, nunca interpretada como um castigo divino contra a condição feminina.

Outro fator que intriga as mulheres é a irregularidade — constante ou esporádica — do ciclo. Algumas são pontuais como um relógio suíço, enquanto outras são pegas de surpresa com a antecipação ou postergação da menstruação. Geralmente isso é o reflexo de uma alteração na ovulação (cerca de 15 dias antes) e sintoma de que houve, durante o mês, um fato significativo — na esfera física, emocional ou hormonal.

É na idade adulta, ou menacme, fase que se segue à adolescência, entre os 21 e 41 anos, que o ciclo de hormônios é mais complexo e segue a seguinte seqüência:
- nos primeiros 15 dias do ciclo — estrogênios;
- na ovulação — estrogênios e androgênios;
- nos 15 dias depois da ovulação — progesterona;
- na gravidez — progesterona, em níveis que se elevam até o final da gestação e pelas gonadotrofinas coriônicas produzidas pela placenta;
- na amamentação — será comandada pela progesterona e prolactina produzida pela hipófise, sob estímulo da sucção e contato com o bebê recém-nascido.

Durante um mês, o organismo se comporta como no gráfico que se segue:

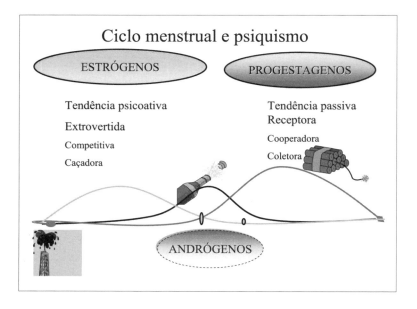

Ciclo menstrual e psiquismo

ESTRÓGENOS

PROGESTAGENOS

Tendência psicoativa
Extrovertida
Competitiva
Caçadora

Tendência passiva
Receptora
Cooperadora
Coletora

ANDRÓGENOS

Se nossos momentos fossem determinados exclusivamente pelos hormônios, sempre agiríamos seguindo seus determinantes. Assim, quando a orquestra tivesse o estrogênio — produzido nos ovários — como o "instrumento solista", as mulheres apresentariam os seguintes sinais:

- melhora do olfato;
- aumento do desempenho em todas as tarefas;
- bom humor;
- vigilância;
- falta de apetite;
- pele sedosa, sensual e com pelugem feminina (os pêlos grossos, como a barba, são típicos dos machos);
- coerência entre os desejos e os papéis desempenhados.

Além disso, ao longo da vida o estrogênio protege o organismo contra a esquizofrenia, o mal de Alzheimer, a osteoporose, as doenças cardíacas. É responsável por manter o tônus da pele e o colágeno, reduzir o estresse e promover a lubrificação vaginal, mantendo o impulso sexual freqüente.

Em outro movimento, quando a progesterona — produzida pelos ovários e pelas glândulas supra-renais — fosse o "solista", seria a vez da maternidade ser buscada. A progesterona produz algumas características nessa fase do ciclo:

- diminuição das sensações de temor à gravidez;
- uma certa sedação, uma moleza, vontade maior de ficar em casa;
- senso de proteção;
- embotamento da percepção;
- redução da atratividade sexual através dos cheiros;
- TPM (tensão pré-menstrual);
- ganho de peso e sensação de estar gorda;
- fadiga;
- diminuição do processamento de informação e da memória verbal;
- retenção de líquidos.

A progesterona tem propriedades anticonvulsivas e é um sedativo natural.

Quando o hormônio predominante fosse a prolactina (fisiologicamente alta após o parto, mas excepcional fora desse período), com a função de ajudar no período de amamentação, haveria:

- inibição da sexualidade, afastando o macho e aproximando a prole;
- ausência de lubrificação vaginal quando excitada;
- leve depressão e fadiga;
- diminuição das sensações em geral.

Secretada pela hipófise, a prolactina participa da manutenção dos tecidos genitais e da produção do leite pelos seios. No entanto, não é assim que funcionamos o tempo todo, pois o sistema hormonal é influenciado pela forma como a sociedade se organiza, como nós vivemos e muitos outros fatores. Não seria o nosso livre-arbítrio que nos guiaria pela vida, mas a nossa bioquímica. Mesmo não sendo tudo em nossa vida, nossos hormônios podem ser nossos aliados ou nossos inimigos.

A Vida em Desequilíbrio Hormonal

Um hormônio é produzido para uma determinada finalidade e, se não a realiza, pode causar prejuízos à saúde e grandes alterações comportamentais. Na maioria das vezes, essas alterações ou distúrbios são provocados por fatores externos.

Míriam, uma estudante de 21 anos, por exemplo, passou longos períodos sem menstruar. Os últimos ciclos, porém, vieram acompanhados de tensão pré-menstrual fortíssima — com dores de cabeça, depressão e aumento de até quatro quilos em peso. Típica representante da geração saúde, Míriam freqüentava a academia diariamente e fazia até três horas de exercícios. No final do ano, o estresse provocado pelas provas do vestibular, somado a longas noites insones por conta dos estudos, fez com que sua menstruação desaparecesse. A gravidez estava fora de questão — com a agenda tão lotada, sobrava muito pouco tempo para namorar. Aliás, essa folga no ciclo foi muito bem-vinda, pois a tensão que antecedia a menstruação era só uma chateação a mais.

Porém, outros sintomas apareceram: dores terríveis nos seios, constantemente inchados, uma vontade de comer insaciável — principalmente guloseimas doces — e depressão profunda, caracterizada por uma tremenda falta de ânimo e motivação. Fisiologicamente, Míriam deveria estar vivendo um momento estrogênico, onde esses hormônios providenciariam humor alegre, vigilância, desejo sexual, competição, pouco apetite e coerência entre os desejos. A pesada carga de exercícios e a tensão constante por causa das provas provocaram o aumento da função supra-renal, liberando uma grande carga de adrenalina. Ela passou a ter estresse, aumentando a prolactina, o hormônio que deveria aparecer só após a gravidez, durante a amamentação! Isso deixou-a apática, sem desejo sexual e, principalmente, compulsiva para comidas (quem amamenta tem de ter reservas).

Um exame clínico facilmente detectou essas alterações devido à presença de leite ao pressionar as mamas, fato que só deve ocorrer no pós-parto. O tratamento foi feito com medicação anti-hormonal e, principalmente, mudanças na pesada carga de exercícios e de estudos, além de uma significativa mudança em sua visão da vida.

Às vezes, no consultório, as pacientes desafiam os médicos com sintomas subjetivos, complexos, de difícil entendimento. A professora universitária Elaine, de 43 anos, antes mesmo de descrever os sintomas físicos que a afligiam, estava convicta de que, de uma hora para a outra, o mundo havia se tornado cinza.

Elaine era uma mulher realizada. Lutara a vida inteira por sua carreira e agora colhia os frutos da sua determinação e disciplina ocupando o cargo de coordenadora de pós-graduação de uma das maiores universidades do país. Em breve, seria indicada para o cargo de reitora, conseqüência natural — aos seus olhos e aos de todos os colegas — de sua escalada profissional. Tudo ia bem, até três meses antes, quando começara a achar que tudo estava errado em sua vida, que aliás era bastante sensata e regrada aos olhos de qualquer observador.

Casada há 16 anos com um empresário de 46 anos, muito bem-sucedido no ramo da informática, moravam na parte nobre da cidade de São Paulo, num condomínio horizontal, numa casa confortável e segura. A agenda social era rica e agitada, uma vez que ela também atuava como conselheira da curadoria de um prestigiado museu e o casal mantinha contato com a elite intelectual do país e do exterior. Vindos de famílias bem-sucedidas, não faltaram recursos materiais para estudos, terapia, viagens. Apesar do cenário ideal, gradualmente algumas faltas começaram a ser sentidas. A primeira foi na cama. O que sempre foi uma atividade sexual prazerosa, com amor e interesse de ambas as partes, passou a ser feito apenas por insistência do marido. No consultório, ela disse: "Primeiro faltou o orgasmo, doutor. Depois acabou o entusiasmo e por fim sobreveio o marasmo."

Quando a menstruação faltou também, veio o espasmo: seria gravidez? Será que depois de 16 anos de contracepção planejada e tecnicamente assessorada ela estaria grávida? Não que fosse a primeira; por duas vezes tivera que recorrer a um aborto, pois engravidara na ocasião errada. A primeira aconteceu depois de três meses de casados, por uma falha no método adotado pelo casal, a do coito interrompido. Na ocasião, concordaram que o aborto, apesar de ilegal no país, seria a melhor solução. Tudo foi feito racionalmente em uma clínica de alto padrão, com assistência médica regiamente paga.

A segunda gravidez ocorreu em uma ocasião mais inoportuna ainda. O casal, na época, vivia na França, onde ambos estavam prestes a defender suas teses de mestrado. Como lá o aborto não era ilegal, tudo fora feito rápida e legalmente. Mas agora, estar grávida aos 43 anos? Não que não desejasse totalmente ser mãe, mas e os riscos de uma má-formação? E o concurso para a reitoria? Além do mais, no verão seguinte eles pretendiam fazer uma longa viagem à China, um dos poucos países que ainda não conheciam. Portanto, gravidez, nem pensar.

Outro pensamento começou a incomodá-la. E se fosse a menopausa chegando e com isso o fim de qualquer chance de gestação? Uma gravidez naquele momento seria inconveniente, mas a chegada da esterilidade definitiva seria terrível. Imersa em dúvidas, Elaine passou a achar que todos os anos dedicados aos estudos agora lhe pareciam desperdiçados. Era uma ironia chegar ao mais alto grau da carreira de educadora sem nenhuma experiência como genitora, mãe, protetora ou coisa que o valha.

O casal fez uma profunda reavaliação de suas vidas. Se por um lado a carreira e as relações sociais pareciam perfeitas, a certeza de que não poderiam mais ter filhos os ameaçava drasticamente. A palavra "menopausa" vinha carregada de significados extremamente negativos. Na aparência ele e ela não eram tão diferentes, mas, biologicamente, as limitações dela eram mais evidentes. Como sempre, unidos, tentavam racionalizar a situação. Mas as emoções brotavam de quaisquer incidentes. Crianças pedindo esmolas nos faróis e até a propaganda de ofertas de fraldas na TV chamavam a atenção.

Elaine passou a fazer os exames indicados. Os sintomas aumentavam dia a dia e mais coisas faziam falta, além da libido, orgasmo e entusiasmo: ela começou a perceber a pele de seu corpo e das mucosas cada dia mais secas. Ondas de calor apareciam quando tinha que enfrentar um contratempo e eram visíveis para ela e para os outros: ficava vermelha, suava frio, tinha vontade de tirar toda a roupa que parecia sufocá-la. No topo, o mau humor e a nítida impressão de que o mundo havia se tornado monocromático, cinza.

Angustiada, ela veio ao meu consultório entregar os resultados dos exames, entre eles, análises sangüíneas do FSH, LH, estradiol, prolactina e mamografia — que nunca havia feito antes —, uma infinidade de ultra-sonografias, enfim, um dossiê de sua intimidade.

A ausência da menstruação, a irritabilidade, as ondas de calor e até a monocromia que envolvia o mundo foram provocados pelo uso excessivo de um antiemético, um remédio para enjôos de viagem, feito com a substância metoclopramida, tomado com freqüência por Elaine, que aumentara a prolactina em demasia. O tratamento foi fácil, feito por meio de medicação fitoterápica — ou hormônios naturais —, que em 15 dias lhe devolveu a libido, a lubrificação e principalmente a fertilidade que Elaine prometeu a si mesma usar para transformar a gravidez numa meta de curto prazo. A China não sairia do lugar, nem os concursos para a reitoria se extinguiriam, mas a maternidade agora estava em primeiro lugar.

O alerta, apesar de provocado por fatores externos, lembrou-a de que a menopausa — a pausa definitiva em suas possibilidades de ter filhos — é uma conseqüência natural. Por mais que a terapia de reposição hormonal pudesse lhe trazer conforto e disposição por um longo período, não existia uma terapia de reposição de tempo e ou de filhos.

O *Blues* Puerperal

A chegada da primeira criança foi uma das maiores alegrias de Claudia, 28 anos, e de seu marido. Quando o obstetra examinou o ultra-som, revelou que já vira o sexo do bebê e gentilmente ofereceu-se para contar ao casal. Eles agradeceram, mas não queriam saber se era menino ou menina para dar mais emoção ao momento do parto. Era a primeira gravidez e queriam que tudo corresse na mais perfeita harmonia. Ela preparava cada detalhe do quarto do bebê, seu enxoval, com a maior dedicação. Ele, por sua vez, seis anos mais velho, não se continha de felicidade. Tiveram grandes dificuldades para que ela engravidasse: seus espermatozóides eram menos ativos e a ovulação dela era irregular. Problemas até a concepção não faltaram. Mas no final eles venceram e o parto ocorreu na data prevista, sem problemas.

Depois da emoção de ver sua filha pela primeira vez, o marido passou a dar toda a atenção à esposa. Segurava sua mão enquanto o obstetra finalizava os procedimentos do parto. Deu o primeiro banho no bebê, comovido e cuidadoso, e depois colaborou no transporte da esposa até a volta ao quarto. Faltava somente buscar a surpresa que ele havia comprado para dar a ela após o parto. Era um lindo cordão de ouro com a figura de uma criança (menino ou menina, ele escolheria depois do nascimento). Deixou-a na maternidade com a sogra e foi para casa buscar roupas e o presente. Na volta, mais tarde, aproveitou para comprar flores, muitas flores, como ela gostava. Entrou no quarto, em clima triunfal, achando que sua esposa finalmente iria se surpreender com o maravilhoso homem com quem se casara. Mas não foi bem assim a recepção.

Largada na cama da maternidade, quem ele via era o retrato vivo da decepção. Chorosa, despenteada, descorada, desiludida, tudo "des"... Mas ele achou que ela não resistiria ao seu poder de Superpai. Deixou as flores para mais tarde e adotou a tática do carinho. Correu para abraçá-la, beijá-la... mas foi pior. Aí ela chorou copiosamente, sem saber por que chorava. Com muito tato, o marido interpretou o quadro como cansaço. Nada que um bom descanso não resolvesse. Depois, o bebê viria para a primeira mamada e tudo seriam alegrias.

Ela dormia há dez minutos quando entrou a enfermeira da manhã. Precisava medir a pressão arterial, verificar o pulso, tomar a temperatura e apertar o útero para ver o sangramento vaginal. Acendeu as luzes e acordou-a com um "Tudo bem, querida? Vamos medir a pressão? Tá boa, mamãe?".

Pronto. Tudo o que se vinha tentado para que ela dormisse e descansasse perdeu-se com o aperto na barriga "para contrair o útero", como disse a enfermeira. Aos olhos pasmos do marido, aquela verificação foi uma sessão de tortura. Quando a enfermeira saiu, ele voltou a tentar criar um clima repousante. Apagou as luzes, colocou um CD de Vivaldi, bem baixinho, beijou-a na testa e disse a ela que dormisse. Mas a soneca durou cinco minutos, pois logo entrou o pediatra. Ele vinha do berçário e trazia boas notícias sobre a bebê. Novamente ela acordou e tentou se recompor. O marido desligou o CD e abriu a janela.

— Sua bebê está ótima. Nasceu com Apgar 8 e 10, pesa 3,291 gramas, mede 49 centímetros, seus reflexos são perfeitos, está tudo ótimo. Dentro de duas horas ela virá para mamar. Alguma dúvida?

A única dúvida do casal era "como" decodificar todas as informações que o médico havia despejado, mas o cansaço não permitia nem mesmo que ela raciocinasse.

Logo que o pediatra saiu, o marido voltou a tentar criar um clima de sossego. Escureceu o quarto, Vivaldi, temperatura ambiente, beijinho na face e ela pegou no sono... por outros sete minutos até a entrada do obstetra, radiante pela atuação do pai e pelo desempenho da mãe.

— Vamos examinar o corte — disse.

Mais uma vez, acende a luz, desliga o CD, descobre, levanta a roupa. E assim foi o resto do dia. A bebê veio mamar, as visitas entravam para trazer presentinhos. No final do dia, o que se tinha era um pai tonto, uma mãe triste e um neném chorando.

Os dias subseqüentes à alta da maternidade não foram diferentes, apesar da mudança de cenário. No terceiro dia, a partir das seis da tarde, ela chorava por tudo, por todos e até por não ter motivos para chorar. Quando o obstetra informou-lhes que aquilo não era nada mais do que uma depressão pós-parto, eles não acreditaram que um roteiro tão lindo terminasse sem um final feliz.

Logo após o parto, há uma queda abrupta de todos os hormônios e aumento da prolactina (lembram da Elaine?). Para algumas mulheres com tendências depressivas, os sintomas se manifestam mais agudamente. Sem tratamento — geralmente feito com remédios homeopáticos — a crise poderia se instalar, na forma de uma longa depressão. Somente após explicações, cuidados e muita luta eles conseguiram superar esses dias.

Sexualidade Alterada

Além dos sintomas físicos, os hormônios também mexem com o psiquismo, a racionalidade e as emoções. Ver o mundo cinza, vivenciar constantes crises de mau humor ou ainda sofrer tristeza e depressão, eliminadas as hipóteses de problemas neurológicos ou outras disfunções, podem estar

37

relacionados ao desequilíbrio dos hormônios e não devem nem podem ser considerados como um estado normal que faz parte do cotidiano feminino, "coisa de mulher".

O ato sexual — que, no caso de Elaine, por culpa de uma disfunção hormonal, passou pelas fases de "falta de orgasmo, de entusiasmo e, por fim, marasmo" — é outro grande prejudicado quando a orquestra dos hormônios está desafinada. Em algumas etapas da vida de um casal, a falta de desejo na mulher aparece graças a um mecanismo da natureza criado para a preservação da espécie. No aleitamento, o aumento da prolactina reduz o impulso sexual. Muitas vezes, nenhum dos dois está ciente desse mecanismo hormonal. Assim, o marido pode se sentir desprezado ou até com ciúmes do bebê. A esposa, por sua vez, convence-se de que o companheiro é um egoísta insensível. Muitas crises poderiam ser facilmente resolvidas com a constatação de que a fase é natural e vai passar. O conhecimento da inteligência hormonal acaba com as culpas e cobranças.

As diferenças de gênero e a conseqüente atração entre homens e mulheres estão intimamente ligadas à ação inteligente dos hormônios. O estradiol (E2) é fabricado, principalmente — e não somente —, nos ovários e liberado na primeira fase do ciclo menstrual. E para quê? Nesse período, motivada pela atividade de seu estrógeno, a mulher busca ser mais feminina, atraente, sensual. Possui o que chamamos de atitude psicoativa competidora. Sua atividade mais imperiosa é social, pública. Expõe-se, atrai, seduz, conduz, sensualiza. Freqüenta mais a academia e os salões de beleza, praticando esportes, buscando aprimoramento das formas de seu corpo e a acentuação de seu charme. Sua capacidade de atrair aumenta a partir do dia de sua menstruação até o dia da ovulação, em que ocorre o pico dos estrogênios, explosão da feminilidade, justamente para atrair o companheiro. A ocitocina, um peptídeo liberado pela hipófise, em conjunto com o estrogênio, promove a sensibilidade ao toque, reforçando a ação dos estrogênios.

Torna a mulher hipersensível a odores, perfumes, flores, sons e cores. É romântica, sonhadora, seu erotismo está à flor da pele. Tem pouco apetite, muita disposição e utiliza a lucidez e a racionalidade a favor da competição e da conquista.

Além de tudo isso, mesmo que inconscientemente, procura atrair uma gestação, ou seja, ela cuida mais de si mesma do que de seu lar para que ocorra a sedução, a relação e, portanto, a fertilização de seu óvulo.

Assim, os hormônios agem nas instâncias emocionais e físicas.

CICLO SEXUAL HUMANO

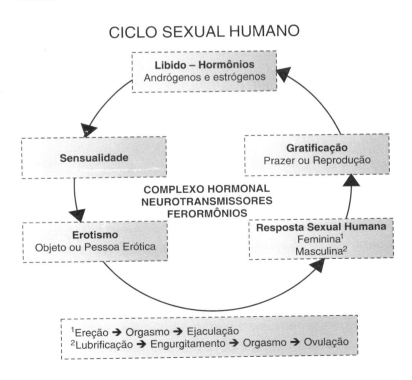

Libido – Hormônios
Andrógenos e estrógenos

Sensualidade

Gratificação
Prazer ou Reprodução

COMPLEXO HORMONAL
NEUROTRANSMISSORES
FERORMÔNIOS

Erotismo
Objeto ou Pessoa Erótica

Resposta Sexual Humana
Feminina[1]
Masculina[2]

[1]Ereção → Orgasmo → Ejaculação
[2]Lubrificação → Engurgitamento → Orgasmo → Ovulação

A mulher tem sua sexualidade muito mais distribuída pelo corpo do que o homem. Além disso, na mulher a QH (inteligência hormonal) é sempre mais harmônica com a QI (inteligência racional) e a QE (inteligência emocional). Se não há sentimentos, a mulher não valoriza tanto a "ralação" do homem. Na mulher, a relação leva à "*ralação*", ao contrário do homem, no qual uma boa "*ralação*" faz com que ele estabeleça uma relação. *Grosso modo*, a mulher abre-se ao sexo para obter amor e o homem dá amor (QE) para obter sexo (QH).

A testosterona, hormônio masculino produzido pelos testículos e pelas mulheres nas glândulas supra-renais e ovários em pequenas quantidades, é um hormônio ativador, que promove a agressividade, mantendo a autoconfiança, o bem-estar e otimismo. Tem ciclos rapidíssimos de 15 a 20 minutos, o que permite grandes emoções em curto espaço de tempo, ao contrário do estrógeno que tem ciclos de 15 dias e busca emoções mais duradouras.

Por essas determinantes hormonais, podemos entender um aspecto dos desencontros amorosos entre homens e mulheres: as duradouras insatisfações femininas diante das fugazes emoções masculinas.

Outra característica da testosterona é que ela determina ação, competição, conquista, ao mesmo tempo em que provoca solidão como forma de vida, síntese ao falar e pensar, determinação ao agir no perigo. É a partir desta característica que temos a célebre diferença em nível dos diálogos. Os homens são sintéticos, objetivos, e buscam a ação. As mulheres são analíticas, subjetivas, e buscam a intermediação.

A testosterona é o hormônio do "pega, mata e come". Sua meta é a competição. Quando o córtex de uma mulher recebe doses extras desse hormônio, seu organismo invariavelmente se masculiniza. Ela deixa de produzir prolactina, progesterona, ocitocina e estrógeno e passa a agir sob os efeitos desse andrógeno. Além de perder a proteção natural do seu organismo, pode produzir mais pêlos. Em vários casos documentados pela medicina, seu clitóris cresce de tal maneira que a mulher muitas vezes precisa se submeter a cirurgias para a redução desse órgão.

Patologicamente algumas mulheres podem produzir testosterona em grandes doses, o que é uma disfunção hormonal. A mulher barbada que se apresentava em circos é um exemplo desse distúrbio. Ela possuía barba, era gorda e estéril. Nos dias de hoje, seria tratada e curada. Absurdamente, verdadeiras bombas desse androgênio, vendendo a falsa ilusão de aumento da libido e prometendo "curar" os desconfortos causados pela menstruação, estão sendo cogitadas como medicamentos.

Aos 40 anos de idade, a artista plástica Patrícia, mãe de um casal de jovens de 16 e 18 anos, casada, decidiu entrar na onda da moda e suprimir sua menstruação. Os argumentos eram puramente racionais: como não desejava ter outros filhos, a ciclicidade normal do seu organismo era vista como uma coisa inútil. Menstruar, uma chatice. Procurou seu ginecologista que providenciou um implante das substâncias betaestradiol e testosterona, com duração de cinco anos.

Seis meses depois de colocado o implante, apareceram as primeiras alterações comportamentais. Patrícia começou a perder a paciência com o marido: "Achava ele um molenga." Até com seu analista ela acabou brigando. Com os filhos, passou a agir de forma autoritária. A mudança tão drástica — de mãe carinhosa e comunicativa para um verdadeiro general — fez sua filha de 16 anos desabafar: "Por um tempo parecia que eu tinha dois pais em casa e não um pai e uma mãe."

Como artista plástica, os ganhos mensais de Patrícia sempre foram inconstantes — e menores que os do marido. A vontade de revolucionar seu ramo de atividade, aliás, foi uma conseqüência natural da total ausência de produtividade artística pela qual ela passou naqueles meses. Era como se criar não tivesse razão de ser. Resolveu então abrir uma galeria para comercializar obras de outros artistas e decidiu investir em produções do folclore gaúcho e nordestino.

Engordou em menos de um ano mais de oito quilos e passou a achar os vestidos e saias muito desconfortáveis. Ajudada por uma amiga, decidiu criar calças largas, tipo bombachas, práticas e confortáveis. Seu cabelo, seco como sua pele, nos quais nenhum hidratante fazia efeito, começou a cair. Mas no estado de espírito em que se encontrava, alegre, disposta, "um trem para trabalhar, passava por cima de todo mundo", como disse na consulta. Também não deu maior atenção à evidente alopécia e mandou cortar curtos os longos cabelos.

Com o marido não mantinha mais nenhum tipo de contato físico. Em suas palavras, perdia a paciência com todo o mundo, principalmente com ele; achava-o prolixo. Com isso, sugeriu que se separassem. Ela foi embora de casa e ele ficou lá com os filhos.

Totalmente voltada para as atividades da galeria, Patrícia nem se deu ao trabalho de fazer o acompanhamento médico semestral sugerido pelo ginecologista que lhe fizera o implante. Até que um dia começou a sentir um certo desconforto no abdômen, um peso entre as pernas. Levada ao hospital, foi internada sob suspeita de apendicite. Durante o procedimento cirúrgico, o médico achou que o ovário direito estava bastante atrofiado. Suspeitou de uma necrose e retirou aquele órgão. No exame clínico, estranhou que a paciente jovem tivesse seios tão flácidos, muita gordura localizada na área do abdômen e nenhuma nas nádegas. Com a constatação da androgenização, recomendou-lhe que procurasse com urgência um ginecólogo.

Quando ela veio ao meu consultório, disse que se sentia transformada e transtornada. Por conta dos hormônios masculinos ministrados artificialmente, tinha virado "um homem chato". O implante foi retirado e durante seis meses Patrícia fez um tratamento para repor e equilibrar seus hormônios. Quando chegaram aos níveis normais, o ciclo foi restabelecido. "Fiquei feliz quando menstruei", disse numa das consultas quando também concluiu que agira motivada puramente pelos argumentos racionais e positivos que o tratamento de supressão menstrual oferecia, sem ponderar sobre as conseqüências. Olhando para trás, Patrícia sentia que "as tarefas eram desafios, a cabeça não parava um segundo, tinha necessidade de uma rotina sobrecarregada de trabalho, tudo para compensar o lado emocional que não estava nada bem", durante esta crise hormonal gratuita.

Patrícia deixou de lado a necessidade de conquistas a qualquer custo e percebeu que, no fim, a galeria podia melhorar: passou a ser mais cooperativa nos negócios e com os filhos.

Atualmente ela continua separada do marido e nem consegue pesar direito quantas coisas perdeu nessa fase testosterônica.

A ciência terá de levar em conta os valores sutis das emoções ao liberar para uso humano produtos hormonais testados em animais de laboratório. Hormônios, emoções e racionalidade possuem uma relação íntima, só perceptível em seres humanos. Nos animais estas ações só são visíveis pela reprodução.

Hoje sabemos que a noção de ser homem ou mulher encontra-se no cérebro e não nos genitais. É no sistema nervoso central que se pensa feminino, e não ao menstruar. Para abolir a menstruação é necessário abolir também o pensar feminino.

Se a ciência moderna é indispensável para o próximo século, é bom iniciarmos logo o diálogo mulher-ciência-mídia sobre o futuro da feminologia. Masculinizar a mulher para resolver os desconfortos menstruais pode ser tão perigoso quanto oferecer progesterona aos homens para tratar os desvios de paternidade tais como o abandono de filhos ou ausência de instinto protetor à família.

A democratização do conhecimento da inteligência hormonal trará conseqüências benéficas para todos — leigos, cientistas e políticos, e estes poderão ter menos preconceitos e mais informações utilizando a inteligência hormonal da mulher.

Na evolução da ginecologia, a ciência dos cuidados com a mulher, passamos por uma fase de visão cartesiana, ginecentrista, ou seja, o parâmetro referencial da ciência era baseado nos órgãos que caracterizam a fêmea: genitais externos, útero, ovários, mamas etc. Nunca houve uma grande preocupação com o pensar feminino e sua relação com os níveis hormonais.

Os tratados clássicos de ginecologia não abordavam a feminilidade e todos os seus aspectos como característica máxima da mulher. Esta era apenas o ser contrário ao homem (e não o ser complementar) que possuía órgãos femininos.

A neurociência, por sua vez, descreve as interações do sistema nervoso central sobre a fisiologia genital e o comportamento humano feminino, mas nem sempre estabelece um elo entre essa comunicação e a manutenção da vida e do planeta. Desconsidera-se a sutileza de que componentes como maternagem (cuidar da prole) é um fenômeno hormonal e tem tudo a ver com a preservação do planeta (gino-ecologia). A sensualidade (fator imperativo da conquista afetiva e reprodutiva), com sua gratificação na perpetuação da espécie, é um fenômeno hormonal de nítida inteligência.

Explica-se a fisiologia do desejo como um "modo de vida feminino" modulado por hormônios, mas esquece-se que a sua meta pode ser a busca de aplacar o grande vazio da solidão humana. Fala-se muito e explora-se economicamente o erotismo e sua manifestação como se não fôssemos pagar um preço por esta exploração vil.

Todos esses "existires" e manifestações relacionados aos hormônios, ou pelo menos por eles influenciados, carecem de mais racionalidade para seu uso. Somente uma abordagem holística e inteligente fará com que o elo entre o aparecimento dos hormônios na humanidade e suas reais metas seja compreendido.

A ciência médica ainda considera corpo e mente como entidades distintas. Desta forma, ensina-se aos estudantes quais são as doenças e não como são os doentes ou como eles adoeceram. Ou ainda, como tratar a falta de hormônios, mas não como usá-los melhor em suas formas feminológicas e fisiológicas, e ajudar a humanidade a reconhecer o valor da inteligência hormonal.

Em outro momento, menos divulgado, sem aparecer tanto na mídia, estão as mulheres e os homens, ainda uma minoria, que trabalham silenciosamente para a reconstrução do planeta e a evolução harmônica da humanidade, em um grande gesto maternal (progesteronicamente?). São indivíduos, ONGs (organizações não-governamentais), instituições com muitos ideais (estrogênicos?) e poucas ferramentas. Com toda a tecnologia existente, com tanto conhecimento avançado em todas as partes do mundo, algumas perguntas ainda são constantes — "Com tudo isso, por que ainda há tanta violência?"; "Por que os humanos ainda não conseguiram viver em harmonia, respeitando-se uns aos outros e à natureza?"; "Por que as mulheres, tão sábias, em número maior do que os homens, não conseguem reverter esse quadro?"; "Que uso estamos fazendo dos nossos hormônios e suas influências sobre nós e o cosmos?".

2

UMA BREVE HISTÓRIA DA INTELIGÊNCIA HORMONAL

A maioria das religiões tenta explicar as diferenças e o surgimento dos gêneros masculino e feminino de maneira adequada à sua visão teológica e cultural. O judaísmo, por exemplo, traz duas teses. Segundo elas, a primeira fêmea da história aparece como uma companheira para o homem, Adão (do hebraico *adam,* ou terra). De acordo com a lenda, Lilith era uma mulher livre, semelhante ao homem e ao seu criador. Muito independente, Lilith entra em conflito com esse Deus masculino e aí entra em cena Eva, a segunda mulher de Adão, com aquelas características estereotipadas, responsáveis por inúmeros mal-entendidos históricos, perpetuados por séculos.

Na escala da evolução da humanidade, o feminino e o conceito de inteligência hormonal aparecem antes do surgimento do nosso antepassado, o *Australopithecus afarensis,* ancestral do *Homo sapiens,* descoberto na Etiópia, na África Oriental, em 1974 por uma equipe de arqueólogos americanos liderados pelo cientista Donald Johanson. Para facilitar a identificação dessa importante figura, reza a lenda que o time de pesquisadores, todos fãs do quarteto inglês Beatles, colocou um apelido na ossada dessa ancestral e ela passou a ser conhecida mundialmente por Lucy, como na canção *Lucy in the Sky with Diamonds.* Estimou-se a idade desses fragmentos ósseos em 3,5 milhões de anos!

No intuito de compreender melhor onde Lucy se encaixa na história da humanidade e entender a fascinante saga dos hormônios, principalmente os femininos, nesse contexto, é preciso voltar ao passado e traçar uma breve linha do tempo. Assim, no princípio era o cosmos e a física ensina que houve o big-bang, uma grande explosão que deu início à formação molecular. Neste planeta, o processo envolveu os átomos do carbono, hidrogênio, oxigênio e nitrogênio que conspiraram para dar início à vida, na forma de bactérias. Bem mais tarde, esses organismos passam a se dividir em duas formas, assumindo os gêneros feminino e masculino. Aqui surge a primeira pista da importância dos hormônios, já que desde os primórdios essa divisão aparece nas plantas e, depois, em outros seres vivos. Para tornar essa tese mais clara, basta ressaltar que a palavra sexo, para designar gênero, vem do latim *sexu,* seccionar, ou seja, dividir.

Assim, a reprodução sexuada, com a participação do macho e da fêmea no reino animal e vegetal, é motivada pelos hormônios, cuja meta é nada mais, nada menos do que a manutenção da vida. Sem eles, sabe-se lá em que estágio evolutivo nosso planeta estaria agora. Para encurtar a história, quatro milhões de anos atrás, encontramos a Lucy, na verdade uma hominídea bem feiosa para os nossos padrões, que mede cerca de um metro de altura, pesa lá seus 27 quilos e se comunica através de grunhidos. Uma dama simiesca, que morava em árvores nas savanas africanas, possivelmente para a segurança de sua prole, ou para evitar o assédio sexual de símios machos, que sobreviviam da caça — inclusive dela e de seus filhotes.

Seu corpo era totalmente coberto com pêlos, protegendo-a das intempéries e dispensando o uso de vestes. A única região desnuda ficava onde se localizavam os genitais. Ao contrário da fêmea humana atual, que possui os genitais escondidos entre as pernas e cobertos por pêlos, Lucy os tinha expostos na parte inferior das costas, no final da coluna, sem pêlos nos genitais, mas sim no corpo todo.

Sem TV, internet, *shopping centers* para se distrair, Lucy só pensa numa coisa: perpetuar a espécie. Para isso, ela precisa criar um mecanismo capaz de atrair um parceiro, procriar e criar filhos saudáveis. Entre os ovários e seu cérebro primitivo, havia uma comunicação rudimentar, através de estímulos hormonais que determinavam um comportamento típico em algumas épocas da vida.

Numa delas Lucy sentia um forte impulso, descia quase que hipnotizada da árvore para executar uma dança de sedução que deixaria o mais moderno dos mortais do século XXI extremamente constrangido. Ela colocava seus genitais por entre a folhagem das moitas, de tal forma que sua lubrificação e odor, contendo uma alta concentração de hormônios chamados de ferormônios, percorriam longas distâncias. Quando esses ferormônios esparramavam-se pelo ambiente, atraíam os machos do bando que passeavam pela redondeza (agora sabemos que a *A. afarensis* estava no cio). Os pretendentes a pai respondiam com a cópula, sem que ela necessitasse mostrar seus dotes físicos ou seu olhar. A sedução era exclusivamente pela bioquímica dos genitais, e não pelo corpo coberto de pêlos.

Os machos da redondeza, inebriados pelo cheiro, copulavam de bom grado com a fêmea, do jeito mais apropriado para a localização dos genitais femininos: por trás. Como os genitais da fêmea eram nas costas, ela não tinha problemas com partos ou abortos. Sua posição, quase de quatro o tempo inteiro, neutralizava a ação da gravidade sobre o colo do útero.

Portanto, nessa época, Lucy também não tinha dificuldades sexuais, pois seus hormônios é que determinavam sua disposição para transar, e os machos, por sua vez, respondiam à oferta de ferormônios, aos quais obedeciam, independentemente de sensualidade, condição conjugal etc.

Assim que ficavam grávidas, outros hormônios produzidos pelo corpo dessas fêmeas mudavam seu comportamento. Elas passavam longe das moitas e de todos os machos, atraentes ou não. Substâncias faziam com que se afastassem dos machos e não tivessem mais contatos sexuais sob nenhum pretexto. Uma vez grávidas, sexo nas moitas, nem pensar. Esse mecanismo de sexo-reprodução ainda permanece na natureza. A mulher é a única fêmea que continua a fazer sexo grávida ou mesmo amamentando.

Agora sabemos que essa mudança de comportamento ocorria por causa de um hormônio chamado gonadotrofina coriônica, que surgia dois dias depois da "ida à moita", anunciando uma gravidez. A fêmea tinha alguns enjôos, ficava mais sensível, gordinha e, interessante, com aversão mortal e total a macacos adultos.

Na gravidez, Lucy não queria saber de ninguém do sexo oposto por perto e aturava somente suas amigas, que a ajudariam no parto. As que tinham mais prática em parir ajudavam as mais novas em seus primeiros partos. Nasciam a cooperação feminina e a arte de partejar (obstetrícia, do latim *ob-stare,* ou estar ao lado). Portanto, naquela época o macho contribuía para a reprodução com a sua parcela de sementes e só. Parir, nutrir, educar e criar para a vida eram processos exclusivamente femininos.

Quando a gravidez terminava, outro hormônio passava a influenciar a fêmea: a prolactina, produzida pela hipófise. Essa prolactina impulsionava-a a amamentar os filhotes e, durante esse período, não ir à moita. Dedicava-se a recolher frutas e raízes para comer e armazenar. Desta forma começou o que poderíamos chamar de economia doméstica ou indústria de manufatura de instrumentos rudimentares de coleta. Atente para o fato de que isso se iniciou no lado feminino da história. Economizar descidas das árvores, substituir a caça pela coleta e o beneficiamento dos alimentos eram trabalho das fêmeas, ao passo que aos machos cabia a tarefa de caçar. Podemos considerar esta a primeira manifestação do que hoje chamamos de produção independente feminina. Lucy tinha seus filhos por um imperativo hormonal, e não por conquista amorosa.

Tempos depois de terminar de amamentar os últimos filhotinhos, que já tinham "caído na vida", Lucy voltava à moita e novamente colocava seus genitais à mostra. O que importava era o resultado em filhos e não a qualidade das "moitadas". O comportamento era determinado pela bioquímica que, por sua vez, agia assim para perpetuar a espécie e não para agradar ao outro ou a si mesma.

A tabela a seguir dá uma visão dos estágios evolutivos da espécie humana.

Anos Atrás	Estágios de Evolução
4 milhões	*Australopithecus afarensis*
2,5 milhões	*Australopithecus* de várias espécies
2 milhões	*Homo habilis* *Homo erectus*
1,6 milhão	*Australopithecines* se extinguem
1,4 milhão	*Homo erectus* se estabelece na Ásia
1 milhão	*Homo erectus* se estabelece na Europa
400 mil	*Homo erectus* começa a evoluir Formas arcaicas do *Homo sapiens*
250 mil	*Homo erectus* se extingue *Homo neandertalensis*
125 mil	*Homo sapiens* se desenvolve plenamente na África e Ásia
100 mil	*Homo sapiens* (*Cro-Magnon*) se desenvolve
40 mil	*Neandertais* se extinguem
35 mil	*Homo sapiens* permanece como espécie humana sobrevivente

(Capra, 1996, p. 204.)

O Fim das Moitas e o Começo da Virada

Tudo mudava muito pouco nas savanas, até que há 3,2 milhões de anos começou a ficar difícil encontrar comida ao redor das árvores nas quais Lucy morava.

De quatro, a tarefa da colheita não era tão fácil, por isso ela começou a correr e a permanecer em pé. Nessa posição, seus genitais e principalmente sua vulva sedutora foram ficando escondidos entre suas pernas.

Calcula-se que a cada mil anos, os genitais migraram um centímetro para, por fim, acabar entre as pernas. Dessa forma, ela descobriu que era mais fácil descer da árvore e não ser importunada pelo bando de estranhos, *Australopi-*

thecus de várias procedências, que começavam a habitar as savanas.

Com a nova posição dos genitais, entre as pernas, certo dia uma *Homo habilis* saiu de trás da moita e transou não de costas, mas de frente, olhando nos olhos do parceiro diferente do que havia aparecido. Esta "variação" da relação sexual mudou o mundo. A transformação não é importante apenas do ponto de vista da fisiologia. A nova posição anatômica permite que os encontros com os machos se dêem de uma forma que vai revolucionar o relacionamento entre os seres: a cópula olhos nos olhos! A descoberta não é apenas mais romântica, mais confortável. Ela vai ativar a memória cognitiva da fêmea e do macho. Com isso, passam a se lembrar de seus parceiros dos anos e ciclos anteriores. E os pais aprendem a reconhecer suas crias. Até então, a mãe era a única responsável pelos cuidados com os filhotes. Os pais, pouco preocupados com a questão da paternidade, apenas se livravam dos possíveis futuros concorrentes — filhotes do sexo masculino —, promovendo carnificinas inimagináveis para os nossos padrões morais e éticos. Olhos nos olhos, o macho reconhece a prole. Seus filhos eram parecidos com ele e assim ele passa a protegê-los e não mais a matá-los. Nasce aqui a família nuclear.

O parceiro não queria mais sair de perto. Ficava no grupo e ajudava a fêmea nos cuidados com os filhos, trazendo caça fresca. Ele era atraído por ela não só pela bioquímica, mas também pela companhia agradável, pelo olhar sedutor.

Ficavam próximos ou na mesma árvore, demonstravam para os outros que os filhos de fulana de tal eram filhos dele também. Assim ele os protegeria, ajudaria a alimentá-los e por alguns poucos segundos até brincaria com eles. Era o início do carinho no processo de reprodução.

O macho seduz a fêmea com caças mais frescas e até com algumas frutinhas doces, bem ao gosto da parceira.

O resultado dessa paparicação é o surgimento das primeiras famílias há 2,5 milhões de anos e, dentro delas, os embriões dos sentimentos que levariam ao aparecimento da QE — inteligência emocional.

Um dia, um forasteiro galã convidou essa fêmea em evolução para morar em uma caverna mais protegida. Com essa mudança de domicílio, ela não precisa mais dos pêlos para protegê-la do clima e sim da pele para atrair o parceiro. Sobraram os cabelos na cabeça e nos genitais, o restante ela foi perdendo ao longo de alguns milênios.

Aqui acontece também uma mudança da produção dos ferormônios dos genitais para a pele, herança direta da inteligência hormonal que herdamos dos nossos antepassados. Até hoje, mostrar o corpo por meio de decotes estratégicos é suficiente para fazer muito marmanjo civilizado sentir vontade de soltar um primitivo uga-uga em alto e bom tom. As zonas mais atraentes no corpo feminino, tomando um exemplo cultural, como os seios para os americanos ou as nádegas para os brasileiros, são os lugares no corpo humano onde a pele está mais esticada, com poros abertos e desimpedidos e por onde os ferormônios são liberados. Para o macho, esse é um atrativo irresistível por razões que vão muito além da estética.

Os homens são sensíveis a esse hormônio — que pode ser inalado ou degustado — e excitam-se bastante com a prática do sexo oral e beijos prolongados na boca, ambas as práticas uma agradável fonte de ferormônios. Do lado deles, o que entra na dança nessa hora é o hormônio testosterona que age sobre a mente e sobre os órgãos sexuais masculinos, numa reação química e emocional perfeita.

Uma Caverna e Alguma Economia

Possivelmente era a fêmea quem cuidava da caverna. Era a provedora e educadora dos seus rebentos, coletava frutas, grãos e raízes, e o macho dedicava-se às caçadas, cada vez mais longas e demoradas. Por conta dessa necessidade de prover e para facilitar sua vida, é a fêmea quem inventa um dos mais revolucionários artefatos da história: a cesta. Provavelmente, ela se inspirou no próprio útero "cesto" que carregava a vida durante a gestação. Mas a sua engenhosidade, movida pela procriação, por sua vez orientada pelos hormônios, não parou por aí. A carne que os machos caçavam se deteriorava rapidamente. E o negócio era comer tudo de uma vez, antes que se estragasse.

Esperta e observadora, a fêmea descobre um sistema para fazer com que o fruto de sua colheita seja estocado em grandes quantidades, para suprir as necessidades de seus filhotes. Assim, ela inventa com uma pedra o primeiro instrumento da economia mundial: o macerador de grãos. Com isso, ela pode acondicionar mais grãos dentro de uma cesta e estocar para dias menos produtivos. Mas a cesta e a maceração não são criações fortuitas. Nossa ancestral está apenas seguindo a orientação interna, guiada pelas necessidades primordiais de seu organismo. Ela obedece a seus hormônios: mesmo sem ter consciência, obedece aos hormônios.

Ela foi ficando tão hábil na pedra, que já fazia artefatos para cortar os galhos, o cordão umbilical quando dava à luz, e até os pedaços grandes de caça que o pai-marido trazia para a caverna. Foi o início da produção de instrumentos.

Mudaram de nome, passaram a se chamar família *Homo erectus* (há cerca de dois milhões de anos) e viveram felizes por mais alguns milênios. Seus encantos para atrair o parceiro foram ficando cada vez mais visuais. Ela perde os pêlos que cobriam seu corpo. Agora, libera seus ferormônios por toda a pele. Ele adorava ver. Ela continuava achando importante receber seus galanteios e passou a querer ouvir mais sua voz. Tem início uma necessidade de comunicação não mais bioquímica, porém vocal. E o tempo foi passando...

Um Sangramento entre Duas Moitadas

A evolução seguia seu caminho. Os *Neandertalensis* já habitavam a Ásia, África e Europa (mais de 150 mil anos atrás) e multiplicaram-se tanto que a natureza passou a limitar seus períodos de aptidão às moitas, gravidezes e amamentação através de um estranho método.

Os genitais no meio das pernas tornavam a conquista mais difícil e quando a fêmea não queria "amoitar" com o macho, sangrava pela vagina. Possivelmente diante destas dificuldades, durante 50 mil anos os *Neandertais* foram se extinguindo e a família *Cro-Magnon* (*Homo sapiens*) surgiu.

Ainda nesse período, quem manda é a fêmea. Ela tem o poder de engravidar, de sangrar e não sofrer. Amoita olhando nos olhos, quando quer ou sente vontade, cobrando muito respeito por ser fêmea. As primeiras deusas criadas pela mitologia religiosa primitiva eram fêmeas.

Ela planta, educa, cuida, alimenta, parteja, enfim, é uma deusa da Terra. A cada quatro luas sangra pelos genitais e isso não significa nenhuma doença e sim que ela, em breve, estará pronta para engravidar.

Pelo fato de ocorrer mensalmente, chama-se a isso de menstruação (*mens,* de mensal). Quando não ocorre é porque ela está grávida ou doente. Durante esse período, o domínio da mulher sobre o processo reprodutivo, a produção de alimentos e seu armazenamento evoluíram para um matriarcado. Eram as funções femininas que determinavam a perpetuação da espécie e o poder de cada tribo.

Os papéis ficam definidos num combinado harmonioso, onde todos os hormônios relativos a gênero entram nos eixos da seguinte forma: aos machos os hormônios determinantes do gênero masculino, ou andrógenos — predominantemente, a testosterona —, responsáveis pela virilidade e força física um pouco superior que a das fêmeas, necessárias à caça, e um acentuado belicismo voltado para a proteção do grupo, em especial dos mais jovens e mais frágeis.

Já os determinantes do lado feminino são bem mais complexos e múltiplos. O estrogênio determina a feminilidade, a progesterona controla a gestação e a maternidade, e a fêmea passa a ser regida por ciclos hormonais. Antes de pensar: "Pronto, foi aqui que as mulheres entraram pelo cano", dá para imaginar o corpo humano como se fosse um automóvel moderno, capaz das maiores proezas na cidade e numa auto-estrada. E a diferença entre os homens e as mulheres pode ser explicada da seguinte forma: os homens saem no modelo *standard*, aquele simplesinho, sem nenhum acessório. Já as mulheres, sem precisar escolher, vêm da fábrica com todos os adicionais de que vão precisar pelo resto da vida.

Seu número de óvulos já está determinado ao nascer, cerca de 350.000 células germinativas ao todo. Bem diferente do macho que as produzirá, após a puberdade, em número de aproximadamente 400.000.000 a cada 72 horas, por quase toda sua vida. A vida fértil da fêmea só se inicia na adolescência e termina ao fim da vida adulta. A cada ano, ela perde grande parte de seu patrimônio genético reprodutivo.

A produção de hormônios atua na conservação dos tecidos, dos órgãos e de forma mais revolucionária no intelecto e na área criativa, pois seu patrimônio hormonal é bem mais rico. A ocitocina, por exemplo, é outro hormônio inteligente produzido pelo organismo e secretado pela hipófise. Também chamado de hormônio da monogamia, é liberado pelo contato físico, carinho do amante ou do bebê. Ela faz criar vínculos e o afeto entre os casais e a prole e ajuda o organismo feminino durante a fase da lactação. Quando entra em ação, a mulher que amamenta fica mais calma, mais tranqüila. Já a dopamina, um neurotransmissor, tem efeito contrário. Ele aumenta o impulso sexual, facilita o orgasmo e leva-nos a perceber e buscar o prazer sem necessariamente criar um vínculo afetivo. Por isso, é mais abundante nos machos.

E a menstruação com isso? Antes de regular o ciclo mensal, o sangramento tinha um papel ativo na escolha do parceiro. Suponhamos que a nossa ancestral estivesse lá na caverna, cuidando de sua vida, e de repente chegasse um outro macho querendo cantar de galo sem o seu consentimento; o que ela podia fazer? Repelir o outro por meio da menstruação que finalmente dava à fêmea a escolha de transar ou não, de escolher procriar com o macho que mais lhe agradasse. Essa grande revolução, que finalmente possibilitou às mulheres primitivas controlarem o seu prazer e os seus ciclos, só começou há 120 mil anos!

Foi graças aos ciclos, à maternidade — ou seja, à ação da inteligência hormonal da mulher, que a humanidade foi capaz de evoluir e construir a civilização. Se dependesse apenas dos machos, os seres humanos estariam ainda caçando animais para subsistir e dependendo apenas da boa vontade da natureza para prover alimento e abrigo nas árvores. Graças aos ciclos femininos, à necessidade de aliar a criação da vida, os cuidados com uma nova geração e a formação dos núcleos familiares, que os primeiros hominídeos passaram a habitar em cavernas, dominar técnicas de plantio, criar artefatos que os ajudassem no dia-a-dia e prosperar sobre a Terra.

A Mulher Começa a Ter Fases Diferentes do Resto da Natureza

Agora poderosa, a mulher começa a se preocupar com essa ciclicidade. Uma hora é mãe, outra é moitável, às vezes nem uma coisa nem outra. Essa instabilidade faz com que aos poucos ela vá se tornando vulnerável. Seu marido vinga-se deste poder e domínio que o colocavam em desvantagem.

Há seis mil anos, de acordo com a cronologia judaica, o homem cria um Deus no céu e não na Terra. Um Senhor macho vingativo, punidor, onipresente, onisciente e que por ser amigo do homem a amaldiçoa. Condena-a a dar à luz com dor, suor, sangue e lágrimas. É o início do fim do matriarcado e o começo do patriarcado. Ela passa a ser responsável pela educação e cuidados com a prole (maternagem) e ele pela subsistência (trabalho).

Fazer sexo vira pecado. Saber, pensar, produzir eram atividades de homem. E o pior de tudo, o corpo feminino ficou corrupto e corruptor. Nascer passou a ser uma forma de castigo eterno contra as mulheres por causa do seu "pecado original". Ela tem relações sem direito ao prazer e sua pelve é santificada.

Copular, além de um ato pecaminoso, é, nessa visão, sujo e lascivo. Os genitais foram considerados fonte de todos os males do mundo e a mulher reduzida a um ser inferior, que estava na Terra para procriar e servir ao amigo do "chefe".

Os sacerdotes e, conseqüentemente, seus seguidores atribuíam à menstruação poderes malignos, chegando a interpretar essa fase do ciclo feminino — saudável, natural e necessária — como um castigo divino para a mulher. Disfarçadas sob o casto manto da religião, tais atitudes nada mais eram do que uma sórdida vingança masculina contra um mecanismo natural feminino, primitivamente ligado ao direito de escolha da mulher e parte do ciclo regulador da vida. Provavelmente o homem não se conformava por não ter sua mulher disponível durante os 30 dias do mês. Daí a acusá-la de menstruar propositadamente, apenas para não agradá-lo, foi um passo. Esse tipo de argumento é ou não é típico de alguns homens?

De Deusa Mágica a Bruxa Malvada

Há poucos séculos o planeta praticamente era campo e mata. Os meios de transporte eram os dois pés do homem e as quatro patas de algum animal. Com o passar do tempo, surgiram as rodas da carroça, que evoluíram para a carruagem até chegarmos aos transportes de hoje. O dia começava quando o sol nascia e terminava quando ele se punha.

A mulher, sua prole e sua família ficavam em casa cuidando do plantio, da colheita, do lar. Ela dedicava-se também ao artesanato, pois cada região tinha suas próprias características: tecelagem, bordados, pintura ou cerâmica. Mesmo sem a presença do marido, a mulher se sentia protegida por ele, ou seja, vivia integralmente o ritual doméstico e privado. Era uma esposa anorgásmica, cujo prazer sexual nunca era levado em conta. Não tinha consciência corporal, nem reivindicações.

Como a mulher passou a ter, em média, uma prole de seis filhos, passava boa parte de sua vida grávida ou amamentando. Assim, sua existência era regida pelos hormônios progesterona e prolactina. Do nascimento até a morte, menstruava algumas poucas vezes, sempre no intervalo entre uma amamentação e uma nova gravidez. Seu cérebro, portanto, era influenciado por dois hormônios que a impediam de rebelar-se. Manter a mulher grávida por períodos subseqüentes equivalia a mantê-la numa espécie de prisão hormonal. Esse estado de coisas perdurou por centenas de anos. Até o século passado, a mulher menstruava pela primeira vez aos 17 anos, casava cedo, tinha em média seis filhos, amamentava durante 24 meses e sua expectativa de vida era de 45 anos.

Desde pequenas, as meninas eram preparadas por suas mães, avós e as outras mulheres da comunidade para o matrimônio, aprendendo tudo o que necessitariam para atender o marido e a casa. Aliás, aprendiam sobre quase tudo no universo doméstico, menos sobre sexo, assunto proibido e sempre associado com uma intimidade que não poderia ser exposta. Sua iniciação sexual ocorria com o próprio marido, geralmente numa "lua-de-mel" nem sempre muito doce. O direito ao saber, pensar e automanter-se não era feminino.

O homem, seguindo seu instinto viril (testosterônico), vivia mais fora de casa, em caça ou em guerra por conquistas de mais terras. Quando não guerreava, para atender ao seu instinto beligerante, inventava todos os tipos possíveis de torneios, para competir com outros machos.

Os livros de história estão repletos de técnicas e estratégias de lutas e vitórias. Eram as corridas de bigas, arenas dos leões, os torneios de cavaleiros, e outros tantos joguinhos bélicos. Hoje essas competições foram substituídas pelos campeonatos de futebol, corridas de carros e motos, olimpíadas e outras modalidades competitivas a que infelizmente a mulher está aderindo.

O modelo vigente era o da dominação da mulher pelo homem, principalmente por meio da religião e pela ignorância. A coisa era tão grave e se prolongou por tanto tempo que, ao longo da Idade Média, durante os infames anos da caça às bruxas, as mulheres acusadas e condenadas por feitiçaria só eram queimadas se estivessem menstruando, um sinal claro de que não estavam grávidas. Reduzia-se a cinzas apenas uma vítima inocente. O *Malleus Maleficarum* (*O martelo das feiticeiras*), uma espécie de manual escrito no século XV por dois inquisidores alemães, resumiu a questão:

"A mulher é uma criatura pecadora, 'carnal', que deve ser severamente ou até violentamente controlada e, se mesmo assim não resolver, ser queimada durante a menstruação."

Outros comportamentos sociopatológicos foram observados em múltiplas culturas, mas somente no final do século XIX é que as cruzadas pseudocientíficas contra a menstruação tiveram início. Para o neurologista francês Jean Charcot (1825-1893), uma mulher que tinha desejo sexual padecia de uma doença gravíssima — o furor uterino, reedição científica do preconceito tão antigo. Se além do mais apresentasse sintomas de alguma patologia de fundo psicológico, logo associava-se a doença à histeria, cuja palavra deriva de útero, o órgão feminino responsável pela menstruação! Resolver era fácil: bastava retirar o útero e curar a paciente. Criou-se um delírio científico para o fenômeno, associando o aparelho reprodutor feminino com a loucura.

A ignorância total sobre o assunto poderia ser a justificativa para essas "cruzadas", se observadas aos olhos de quem vê os fatos sob os conhecimentos atuais da endocrinologia. Mas ainda hoje, em pleno século XXI, é possível observar novas manifestações da "cruzada antimenstrual", que utiliza agora uma nova linguagem científica. Infelizmente, em nosso país, esta chama vem se expandindo com o apoio até dos órgãos de imprensa. A mídia que aborda temas ligados à saúde vem sendo bombardeada com argumentos sobre a inutilidade da menstruação, com a mesma voracidade que os religiosos fanáticos tiveram ao atribuir-lhe os poderes maléficos.

A indústria de ferramentas cirúrgicas para a remoção do órgão feminino "responsável pelo menstruar" vem-se aprimorando. Técnicas videolaparoscópicas retiram o útero, deixando mínimas evidências. Medicações (hormonais ou não) atingindo o objetivo de não menstruar são comemoradas com entusiasmo. Enfim, busca-se o domínio da razão sobre a natureza. É preciso dobrar a natureza aos pés dos homens para mostrar que somos superiores aos deuses que nós mesmos criamos. Por trás desta guerra, nada mais há do que uma cruzada tão antiga e preconceituosa quanto foram as outras.

O Nosso Século e a Revolução Hormonal

As mudanças biológicas e sociais a partir do aparecimento das religiões judaico-cristãs foram lentas do ponto de vista das inteligências hormonais e emocionais, se comparadas às do último século. O progresso do ser humano levou muito tempo para se difundir. Até o início de 1900, com o acesso das mulheres à informação, passa a haver uma revolução em todos os campos da feminilidade. A cada nova geração, a mulher menstrua um ano mais cedo. Caem vertiginosamente as taxas de natalidade (hoje as mulheres ocidentais têm em média dois filhos, contra os seis do século XIX). Com a redução da prole, a mente feminina é constantemente influenciada pelos hormônios estrogênicos. As conseqüências de estar sujeita à ação do estrogênio por muito mais tempo modificam seu perfil, e influem, portanto, na sua QI (inteligência racional) e QE (inteligência emocional). Essa constatação tem sua lógica, já que a expectativa de vida feminina passa a ser de 75 anos. Assim, a mulher vive cerca de 30 anos sem menstruar e sob a influência, a maior parte do tempo, dos estrogênios, mesmo que em pequenas taxas associadas a hormônios androgênicos produzidos no organismo feminino pelos ovários e pela glândula supra-renal. Esse é o hormônio da competitividade. Não é de se estranhar, portanto, que a mulher moderna nem de longe se pareça com a passiva e pacata esposa submissa do século passado. Nas décadas de 1930 e 1940, principalmente com a Segunda Guerra Mundial, o quadro mudou novamente. Enquanto os homens foram para a guerra, as mulheres ficaram com os filhos, tendo de cuidar da sua sobrevivência. Assim, começam a trabalhar nos postos antes ocupados por seus maridos, os quais, em sua grande maioria, não retornaram, mortos nos campos de batalha. Com isso, coube às mulheres grande parte da reconstrução das cidades destruídas.

Nesse período ocorreu o que chamaremos de Revolução Hormonal, propiciando à mulher uma mudança de paradigma, ou seja, do estado de cooperação e submissão em que se encontrava há séculos para o de competição, vivido até hoje no mundo ocidental.

Essa mudança de paradigma fez o organismo feminino ser muito mais solicitado em tarefas até então desconhecidas, ou pelo menos diferentes daquelas às quais estava acostumado, com grandes solicitações da glândula supra-renal. Descargas de adrenalina passaram a ser uma constante no cotidiano feminino. Hoje sabemos que esse neurotransmissor é responsável pelo que conhecemos como "estresse", causando alterações bioquímicas, psicológicas e, principalmente, hormonais importantíssimas, boas e más.

Essa mudança foi determinante para que a primeira menstruação passasse a ocorrer precocemente a cada nova geração, e o número de filhos no mundo ocidental foi reduzido para dois a três. Pela necessidade da volta ao trabalho — pelo menos no Brasil e em outros países que estipulam um prazo para a licença maternidade — após o parto, o período de amamentação dura apenas 120 dias. Tudo isso significa que a mulher contemporânea tem 30 anos de ciclos menstruais em 35 anos de vida fértil. Ela começa a menstruar aos 11 anos e pára, em média, aos 46 anos. Portanto, o sangramento menstrual deixa de ser um evento entre duas gravidezes, e passa a ser um fato constante.

Essa mudança na estrutura social provocou uma alteração no sistema hormonal biológico que passou a ser estimulado mais intensamente. Antes, os ensinamentos eram passados pela tradição oral de mãe para filha. Ela vivia como sua bisavó vivera. Hoje, existe a escola, a mídia com Internet, jornais, revistas, televisão, filmes e as coleguinhas da turma, muito antes da mãe. Raramente as mães são consideradas musas, pois estão "ultrapassadas" e "não entendem das coisas", ou seja, o modelo existencial não é mais ditado pela tradição, mas sim pela mídia e pelas relações de grupo ou meio.

Hormônios em Ação

E onde tudo isso se articula em termos hormonais? No decorrer da história, percebemos que do início da evolução da vida até a chegada ao *Homo erectus*, a hormonologia era que determinava os arranjos sociais. À medida que a humanidade evolui, a razão (QI) passa a dominar a inteligência hormonal, mas sempre em confronto com a inteligência emocional. Ambas, QI e QE, tornaram os impulsos hormonais submissos.

Um exemplo simples desse desequilíbrio é a famosa e inconveniente TPM, a tensão pré-menstrual, quase desconhecida e pouco valorizada há menos de 50 anos pelos médicos que cuidavam da saúde feminina. E ela acontece porque há o conceito de conflito hormonal surgindo. O organismo, levado pelo nosso lado racional tão condicionado ao pensar masculino, força-se a ignorar a ciclicidade inerente ao gênero feminino. O corpo reage provocando um desequilíbrio na harmonia hormonal e causando aqueles sintomas desmoralizadores que pelo menos 50% da população feminina conhece bem: depressão, ansiedade, irritação e outros sintomas físicos como inchaço e dores de cabeça. O lado emocional sofre com isso, já que a TPM, um distúrbio clínico, passou a ser sinônimo de mais uma *falha* do corpo feminino, tão diferente da perfeição masculina, refletida em dezenas de piadinhas sem graça.

A QH que na mulher predominou absoluta e harmônica sob influência da progesterona até seis mil anos atrás e nestes últimos séculos vem perdendo sua força para a QI (inteligência racional) e QE (inteligência emocional).

Na mulher atual os estrogênios são fatores influentes do pensar feminino, em contraste com as mulheres de séculos anteriores, dominadas pela progesterona e prolactina. Até a moda passou a moldar seu corpo de forma diferente de suas ancestrais. Da mamãe fofinha e saudável, a mulher passou a anoréxica e retilínea.

Se no homem o estresse das caçadas hipertrofiava o cortisol da supra-renal, em conjugação com a testosterona, e lhe conferia um abdome gorduroso na forma de um barril ou maçã, na mulher a gordura se acumula nas mamas, quadril, nádegas, dando-lhe a forma de pêra, com a parte de cima mais fina.

O *Homo sapiens* passa a migrar mais facilmente, percorrendo o planeta e levando seus genes a se espalharem.

Hormônios especializados na sexualidade e sensualidade como fator de manutenção e perpetuação da espécie substituem a obediência aos ferormônios.

Com essa movimentação criam-se populações com diferenças de cor, estatura, feições, o que faz com que a atração entre os sexos ocorra cada vez mais pela QE e QI do que pela QH. Ocidentais apaixonam-se por orientais e vice-versa, trocando estímulos hormonais e diversificando a bioquímica, a genética e o perfil humano. Assim, como a evolução da *A. afarensi* até a mulher moderna dependeu da diversificação hormonal e outros fatores, o futuro também dependerá da hormonologia atual.

O *Homo sapiens* há 50 mil anos já teria a mente e a estrutura física exatamente como são hoje. Porém, o exercício dessa "mentação" — ou seja, o existir e pensar de acordo com o próprio gênero — criou alguns problemas culturais que o nosso novo século terá que resolver.

Primeiro, o *Homo sapiens*, com sua forma de pensar, castigou o desejo que sentia pela fêmea, transformando a bioquímica do desejo fisiológico em um pecado humano.

A humanidade evoluiu para uma grande integração corpo-mente-comportamento de tal forma no início do século passado que deu uma vestimenta científica ao postulado de que a loucura da mulher poderia vir de seus desejos sexuais não realizados.

A ciência, no mesmo caminho da religião, havia dado aos genitais um cunho de magia. Por exemplo, o osso que delimita a região final da coluna, onde primitivamente localizavam-se os genitais, passou a se chamar sacro (sagrado, venerável). Seu osso oponente e que fica na mesma altura é o pube (puberdade), e o nervo que rege toda essa região é o pudendo (pudico, proibido), sem contar outros detalhes da anatomia ligados à mitologia (monte de Vênus, ninfas — que são os grandes lábios). Ou seja, essa região sagrada do corpo feminino abrigava o órgão-sede dos desejos sexuais, o útero (histero).

O colo uterino foi, e ainda é hoje, um dos órgãos mais participantes da evolução feminina. Quando a fêmea adotou a posição em pé, esse órgão adaptou-se para que o bebê não nascesse antes do tempo. Nas fêmeas animais, ele não é tão solicitado por causa de posição dos quadrúpedes. A humana, por andar ereta, faz com que o colo seja um confortável e bem adaptado contentor para que seu bebê não nasça prematuramente, ou seja, esse é um órgão que evoluiu em favor da mulher.

Além de abrigar o feto por nove meses, tem uma importantíssima função sexual e, portanto, psíquica. Suas glândulas endocervicais (de dentro do colo do útero) comandam a liberação de substâncias bioquímicas que se modificam quando a mulher fica excitada. Semelhante ao que ocorria na Antiguidade, quando os fluidos das fêmeas excitavam os machos à distância através dos feromônios liberados pelos genitais, esse hormônio serve como mediador da lubrificação e engurgitamento dos órgãos sexuais.

Apesar da literatura escassa, podemos montar um modelo de sexualidade em que as secreções modulam os comportamentos através dos hormônios ou neurotransmissores. Quando excitada, a mulher libera endorfinas por meio dos estímulos no aparelho genital. Quanto mais movimentos prazerosos, mais emoção, maior o índice de endorfinas, melhor a qualidade do sexo que, por sua vez, irá estimular a produção de serotonina no cérebro, levando a um estado de ótimo humor — como se fosse um antidepressivo — que aumenta até atingir o orgasmo.

Em estado normal, sem estar excitada, a vagina mede de 7cm a 8cm, o útero repousa sobre a bexiga e suas leves contrações são descendentes. Nascem no fundo do útero, descem pelo corpo e mobilizam a vagina até a vulva para que a menstruação escoe e ocorra uma constante depuração vaginal. Em estado normal, as secreções saem de dentro para fora. Excitada, as secreções do colo, por meio de reações bioquímicas no mecanismo das prostaglandinas, invertem esse fluxo. Para acomodar a ereção masculina, um movimento involuntário — chamado de invaginação — afasta o útero da bexiga alguns centímetros e dobra o tamanho da vagina, invertendo as contrações para que ocorram de baixo para cima, de fora para dentro. Com isso, o pênis penetra e os espermatozóides sobem. Se não houvesse esse mecanismo, as relações seriam dolorosas, incômodas e estéreis.

As glândulas endocervicais liberam também o estrogênio produzido no ovário, que faz com que a vagina tenha textura e temperatura adequadas. Assim, o colo do útero, órgão aparentemente vegetativo, passa a ser de importância vital para o equilíbrio hormonal da mulher. Através dele, sua inteligência hormonal influencia sua inteligência emocional (QE) e também sua inteligência racional (QI).

A anatomia e a bioquímica de cada gênero agem para modular uma vida sexual prazerosa e plena, porém, isso só pode ser obtido quando o organismo está equilibrado em todos os aspectos, principalmente os hormonais.

Os hormônios também ajudaram a mulher a se rebelar contra os ditames machistas e castradores da sociedade patriarcal.

O mundo masculino competitivo entrou em colapso e metamorfose no meio deste século. Isso porque o feminismo, impulsionado pela revolução hormonal, impôs limites à expansão da virilidade e mais: está ensinando aos homens, a partir da experiência de milênios de maternidade solitária, a serem mais paternais. A partir do limite na masculinidade é que houve a expansão da feminilidade. Seria absurdo, à luz dos conhecimentos atuais, ignorar a função da inteligência hormonal nessa expansão.

Bioquimicamente, a mulher tem diversidade hormonal necessária para se desenvolver mais ricamente. Ela possui os andrógenos, hormônios com características masculinas (em menor quantidade que nos machos, porém em níveis que influenciam sua competitividade, agressividade, racionalidade), e os complementa com os homônimos femininos, estrógenos e progesterona. Provavelmente a falta da progesterona nos homens — ausente em toda a fase de sua vida — é o que os tornam limitados em compreender certos aspectos da feminilidade.

Na medida em que a sociedade masculina tende para o individualismo (tendência masculina), a inteligência hormonal feminina faz o contrário: busca o cooperativismo, agregação, autodomínio e se volta para os valores essenciais como arte, amor, fraternidade e cuidados para com o planeta. A ecologia é feminina...

Não fossem os hormônios, os veículos para a evolução humana, ainda seríamos símios de natureza bruta e sem os predicados que adquirimos. Será da consciência da inteligência hormonal que se originará a revolução ecológica pela qual tanto ansiamos. O cuidar e proteger é feminino.

A ação maternal da progesterona de nossas futuras presidentes da República é que tornará a sociedade mais piedosa e igualitária.

São estas as principais diferenças entre a feminilidade e a masculinidade:

Feminilidade	Masculinidade
Cooperativismo.	Capitalismo — competitividade.
Variação hormonal.	Estabilidade hormonal.
O feminismo impôs limites à expansão da virilidade e propõe o futuro.	Falência do mundo masculino competitivo.
Progesterona + emoção.	Ausência de progesterona.
Cooperação, agregação, autodomínio — valores essenciais, arte, amor, fraternidade.	Individualismo — competição.
Mais precoce por causa dos hormônios e da menstruação.	Mais tardio e confuso por não possuir "sinais" físicos.
Observa melhor seus sentimentos, conflitos, emoções, busca a beleza mais cedo que os meninos.	Procura a razão como forma de solucionar também os problemas emocionais.
Plural ao longo do mês.	Singular por toda a vida.
Consciência ecológica — Terra — lar — Cosmos.	Explora a Terra como se não fosse seu lar. A Terra deve dobrar-se aos pés do homem para a sua felicidade.
Humanização das relações políticas.	Militarização das relações humanas.
Prazer nos processos.	Prazer como resultado.
Linguagem emocional.	Monólogos racionais.

3

CONHECENDO OS NOSSOS HORMÔNIOS

Ao relacionar as variantes hormonais e o dia-a-dia, várias perguntas poderiam ser feitas, a qualquer momento, por todas as mulheres. Entre elas: quais são os fatores hormonais que estão influenciando meus pensamentos, sentimentos ou meu físico neste momento? E daqui a 15 dias ou 15 anos, esses hormônios estarão agindo sobre minha vida da mesma maneira? O que vai acontecer durante a gravidez? E durante a amamentação? Como eu poderia entender quais foram seus efeitos durante a infância e como eles (os hormônios) me predispuseram a fazer escolhas durante a adolescência? Em que ou como eu poderia influenciá-los na menopausa? E se eles são importantes para o meu bem-estar atual, como ficaria se eu tomasse pílulas anticoncepcionais para sempre? Será que os hormônios agem somente sobre o corpo ou também agem em meu inconsciente? Para responder a estas e a muitas outras dúvidas, a ciência se empenhou durante anos em pesquisas. E novas perguntas surgem a cada dia, mostrando que esse trabalho está longe de terminar. Porém, já existem várias respostas para as questões mais urgentes.

De forma esquemática podemos dizer que nós, os seres humanos, temos três cérebros:

O tronco cerebral

Que existe nos répteis e outros animais primitivos e é responsável pelos reflexos e automatismos básicos, como comer, lutar e reproduzir-se.

O sistema límbico

Mais desenvolvido nos animais complexos, principalmente em mamíferos, responsável pelas emoções.

O sistema neocórtex

Desenvolvido ao máximo nos humanos e responsável pela razão e pela nossa capacidade de ter uma linguagem simbólica, matemática, elaboração de objetos úteis e inúteis e consciência de si mesmos, e assim por diante. Só pensamos elaboradamente ou lingüisticamente com o neocórtex. Emoções e reflexos não produzem pensamentos simbólicos (palavra falada ou escrita), mas interferem neles.

O homem e a mulher, portanto, têm em si os três cérebros. As estruturas "superiores" sempre podem dominar as "inferiores", mas não neutralizá-las. Ou seja, reflexos, automatismos e emoções podem surgir independentemente de nossa vontade ou controle racional, por estímulos genéticos ou através da bioquímica. Tal como nos répteis que se reproduzem por instinto influenciados pela genética e a bioquímica, também nos humanos a reprodução é influenciada bioquimicamente. A diferença está na nossa consciência de que a bioquímica está nos influenciando.

Por estarem integradas e interdependentes, todas essas estruturas fazem com que quando pensamos, sejam produzidas também emoções e alterações no controle químico do organismo (endócrino e imunológico) num constante interfluxo. Essa ligação tem dupla mão de sentido: alterações na química do organismo geram mudanças no pensamento e nas emoções. E vice-versa: alterações no curso dos pensamentos e emoções podem mudar a nossa bioquímica.

O sistema nervoso basicamente serve para: perceber, através dos órgãos dos sentidos, organizar essas percepções, elaborá-las, utilizá-las para mover-se e agir. É o que chamamos psicomotricidade. Pensamentos e emoções produzem reflexos no tônus muscular, gerando por sua vez tensão, variação na respiração, digestão, reprodução. Enfim, a maneira de pensar influi em todas as funções orgânicas. Essas alterações no tônus muscular que alteram a psique deram ensejo ao surgimento das chamadas terapias corporais. Se a bioquímica influencia o corpo e a mente, as descobertas da bioquímica geraram a indústria farmacêutica ou a psicofarmacoterapia. E, a partir delas, a hormonioterapia, um novo pilar do conhecimento humano que poderá revolucionar os desígnios e caminhos da humanidade.

A Re-evolução Hormonal

Foi a partir da hormonioterapia que se pôde dar melhor qualidade de vida à terceira idade feminina. Milhares de casais estéreis, em décadas passadas, puderam gerar filhos e chegamos ao poder quase divino de realizar clonagens. Não seria pretensão afirmar que a vida poderá ser recriada no planeta a partir da inteligência hormonal humana.

Mas, voltando às perguntas, como é possível uma pessoa inteligente, interessada, comprometida, bem informada, estudiosa, de bem com a vida apresentar-se com tantos sintomas antes de menstruar? Por que na gravidez, e principalmente após o parto, uma fêmea humana pode ficar tão triste com a sua reprodução a ponto de abandonar um filho ou, em casos extremos, chegar a suicidar-se após o parto? Por que essa mesma mulher pode ficar confusa, triste e sem o mesmo desejo de cuidar de si ou de outros só porque entrou na menopausa? Ou desentender-se tanto com seu parceiro se, racional e emocionalmente, tudo está bem com o casal? O que há de errado com alguém que perde a vontade de fazer amor, agora que a reprodução não é mais uma ameaça? O que leva uma mulher a se esforçar tanto para tornar-se atraente? Ou como os hormônios podem estar forçando alguém a pensar em filhos, quando essa pessoa já fez uma cirurgia de laqueadura e racionalmente acredita que o tamanho da família está de acordo com o seu orçamento?

O problema não está nas perguntas, e sim de onde elas vêm. Você alguma vez se perguntou como os hormônios influenciam e estruturam o pensamento?

Os seres humanos pensam por meio de imagens mentais, de diálogos internos e externos. Essas duas formas de articular os pensamentos são acopladas a sensações e emoções

76

que por sua vez inundam o nosso corpo todo como uma maré química, interferindo no funcionamento da nossa imunidade, digestão, circulação e outras ações fisiológicas. Pensamento e química corporal estão ligados ciberneticamente. Quer uma prova? Pense agora no suco de um grande limão sendo despejado em sua boca. Concentre-se nessa imagem por três vezes e verá como sua boca se enche de água. Somos o que pensamos e também o que nossa bioquímica quer que sejamos. Se o organismo de uma pessoa está ligado a um nível hormonal normal, sua existência e consciência serão normais também. Mas se os níveis hormonais não forem adequados, por mais que a vida esteja perfeita, a percepção dos fatos não o será. Em um nível mais profundo de desarmonia hormonal, nem mesmo sua sobrevivência será possível.

Nossos pensamentos e impressões são geralmente ecos do passado e/ou projeções que fazemos do futuro, mas emoções e sentimentos acontecem no presente e são influenciados por nossos níveis hormonais atuais. O pensamento vai para o futuro e para o passado, mas nós estamos sempre no "aqui e agora". O que existe é o presente! É nessa instância que podemos agir. Só podemos notar mudanças e alterações comparando nossas atitudes e sentimentos.

Somos um organismo vivo, um sistema aberto, influenciado por nossos hormônios. Um sistema aberto é aquele que realiza trocas constantes com o meio. Consumimos energia e matéria (comida, oxigênio, água, sais, luz solar, sensações, percepções e assim por diante), que são organizadas pelo nosso organismo. Isso segue uma ordem e tem finalidades que estão inscritas no nosso código genético. Em troca, devolvemos ao meio ambiente matéria e energia (gás carbônico, água, resíduos e também emoções, amor etc.). O que entra vem do conjunto do meio, é impessoal; mas o que sai leva nossas características, o nosso selo!

Os hormônios fisiológicos, reconhecidos e compreendidos em suas atividades, são nossos aliados e podemos influenciá-los em nosso benefício. Descontrolados e ignorados, podem ser nossos inimigos. Em resumo, os hormônios ignoram o que nossas mães nos disseram para fazer, eles apenas seguem seus próprios imperativos químicos.

A ciência está demonstrando que as ações hormonais independem das doses recebidas pelo organismo. Logicamente, grandes variações deveriam produzir grandes alterações no comportamento. Porém, não é o que se observa. Muitas vezes, mudanças leves trazem resultados psíquicos severos. Assim como durante a infância pequenas doses de estrógenos determinaram a feminilidade, na senectude também são necessárias minúsculas quantidades.

Algumas alterações nem mesmo são comprovadas laboratorialmente, mas a experiência clínica mostra claramente que as conseqüências são relacionadas a problemas hormonais. Cada vez usa-se anticoncepcionais de mais baixa dosagem, com maior eficácia para minimizar os efeitos colaterais que mesmo mínimos ainda existem.

Outra demonstração de que mudanças sutis produzem grandes diferenças em nossas vidas ocorre na gravidez. Para algumas mulheres muito sensíveis, bastam alguns dias depois da relação sexual que resulta em gravidez para se sentirem diferentes. Algumas apresentam enjôos por mínimas variações hormonais. E quando se encontra no terceiro mês de gestação, quando o nível de gonadatrofina coriônica é bem alto, a mulher pode sentir-se muito bem, sem enjôos ou feliz apesar deles. Portanto, não são bem as quantidades desse elemento, e sim sua ação através dos receptores o que faz a diferença. Tecidos com maior número de receptores reagem mais às variações. No período pré-menstrual, por exemplo, pequenas alterações podem provocar grandes sintomas e não existe um padrão mensurável para todas as mulheres.

Muitas vezes nossos problemas mais íntimos estão ligados aos nossos hormônios e sem o conhecimento de sua influência, não temos a menor consciência deles, muito menos controle. Esses minúsculos elementos agem sobre a mente humana como se fossem as cordas de marionetes em atividade. Em algumas ocasiões obedecemos a essas ordens de forma muito sutil, em outras nem tanto, pois podemos até ser violentos, sem que tenhamos a consciência dessa espécie de manipulação bioquímica.

É como se dançássemos sem ouvir o som da música, porém, dando os passos corretos. Se a silenciosa orquestra estiver tocando um tango, possivelmente os espectadores poderão reconhecê-lo, mas nós, os dançarinos, estaremos nos movimentando como robôs.

Ou seja, sentimos certas emoções que em nada correspondem às circunstâncias externas. É o caso da mulher que após o parto chora copiosamente ao fim da tarde no "*blues* puerperal" ou que rejeita o recém-nascido sem quaisquer motivos para isto.

Outro exemplo é a estranha irritabilidade pré-menstrual (TPM) em uma mulher que está de férias, em um ambiente calmíssimo em tons cor-de-rosa e que ela enxerga em tons cinza por causa dos hormônios.

Assim como o espectador pode reconhecer o tango pelo movimento dos dançarinos, também é possível reconhecer uma mulher com TPM pelas cordas dos hormônios que a movem.

De forma prática, é possível controlar e melhorar a qualidade de vida otimizando a inteligência hormonal da mulher (QH) — ou seja, a capacidade bioquímica de influenciar os seres humanos a seguirem os objetivos da espécie — em sua relação com a inteligência racional (QI) (a capacidade adaptativa de resolver problemas) e a inteligência emocional (QE) (a capacidade de harmonizar emoções, na busca da solução dos problemas).

Assim, para obter um equilíbrio entre os coeficientes (inteligências), a melhor maneira é a consciência da ação desses hormônios para poder influenciá-los. É preciso auto-observar-se para reconhecer as pequenas diferenças. Não somos vítimas de nossos hormônios, mas parceiros deles. Utilizá-los racionalmente é o objetivo da inteligência hormonal. Em vez de agirmos como se fôssemos marionetes dos hormônios, tornarmo-nos os líderes desses movimentos.

Isso não significa ir contra a essência de nossa genética e bioquímica, mas sim humanizar-se mais através da inteligência ideal potencializada pela inteligência hormonal. É fazer com que nossos hormônios, que agem de forma ativa em nossas vidas, o façam agora de forma harmônica com nossa consciência. O racional e o emocional são complementares ao hormonal. E a capacidade do intelecto em perceber todos esses movimentos de acordo com as circunstâncias é que constitui a verdadeira *inteligência ideal.* Portanto, inteligência ideal seria o somatório da QI + QE + QH em direção às nossas metas existenciais, holística e harmoniosamente.

Pensar bioquimicamente, agir racional e emocionalmente com inteligência será a busca.

O ser humano possui as três inteligências formando um elo como no diagrama abaixo:

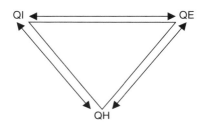

As três inteligências estariam em níveis iguais, simétricos e dependentes. Nem sempre a hierarquia deste diagrama foi assim. Em outras épocas da humanidade, possivelmente o diagrama seria este:

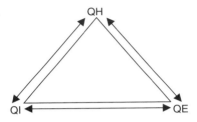

Quando a humanidade, principalmente as mulheres, era movida pelas necessidades fisiológicas, os conflitos não eram tão acentuados. Praticamente não havia dissidência entre as metas hormonais e as metas racionais e práticas na existência feminina dos últimos milênios.

Isso não precisa ser um estigma do século XXI. A simples conscientização dos fenômenos físico-hormono-emocionais já é suficiente para derrubar de vez a frustração provocada pelos imperativos fisiológicos.

O sistema nervoso, como vimos anteriormente, é formado por uma coleção de neurônios interligados ao corpo todo e absolutamente integrados a outros sistemas. Estes interligam-se a outros de tal forma que qualquer parte que nos compõe, obedece às ações de nossos neurônios ou de quem os esteja comandando ou influenciando.

Quando um sistema é invadido por um determinado ou determinados hormônios, somos também esse(s) hormônio(s). Analisando-nos através de nossa autopercepção, autoobservação, nossas emoções, nosso raciocínio e assim por diante, poderemos reconhecer o(s) hormônio(s) sob o(s) qual(ais) estamos agindo.

A esse reconhecimento chamamos de inteligência hormonal consciente, o produto da bioquímica sobre nossa mentação e emoção. Durante a vida toda, a QI e a QE tentam harmonizar-se com a QH. É essa harmonia a ferramenta mestra da qualidade de vida tão desejada. O que os cientistas de laboratório buscam comprovar é o que os bons clínicos sabem por tradição e observação. Os hormônios solicitam uma colaboração em direção às suas metas. As circunstâncias da vida racional, urbana, contemporânea oferecem deveres que restringem as metas hormonais:

Hormônios Sociais	Motiva Positivamente	Circunstâncias Restritivas Sociais
Progesterona	Gestar	Anticoncepção
	Maternar	Produzir
	Cooperar	Competir
	Preservar	Depredar
Estrógenos	Feminilizar	Masculinizar
	Amar	Possuir
	Intuir	Racionalizar
	Subjetivar	Objetivar
	Sonhar	Realizar
	Analisar	Sintetizar
Andrógenos	Virilizar	Seduzir
	Possuir	Conquistar
	Violar	Pedir
	Atalhar	Curtir
Prolactina	Amamentar	Enfrentar
	Cuidar de outro	Cuidar de si
	Acarinhar	Ser acarinhado
	Introspectar-se	Socializar-se
	Priorizar o bebê	Conquista profissional
	Gratificação subjetiva	Deveres objetivos
	Tempo biológico	Tempo cronológico

Estrógenos

Os estrogênios são substâncias responsáveis pela produção do estro (o lado feminino) no universo em nível celular, anatômico e comportamental. No ser humano agem determinando a feminilidade, desde as primeiras células intra-uterinas, nas formas dos órgãos genitais e no corpo da menina, até seu comportamento ao longo de toda a sua vida. A partir da puberdade, o estrogênio que passa a ser mais importante e potente é o estradiol (E2), que se torna responsável pela ciclicidade da menstruação e que, por isso, é chamado de *estrogênio do menacme* (fase fértil da mulher, entre 21 e 41 anos — ideal para a reprodução). Outro estrogênio, a estrona (E1), é derivado de um androgênio (a androstenediona) e chamado de *estrogênio da menopausa*. Apesar de ambos serem estrogênios, sua potência e metas são diferentes. O estradiol (E2) é fabricado principalmente, e não somente, nos ovários e liberado na primeira fase do ciclo mensal e menstrual da mulher. E para quê? O imperativo hormonal nessa fase é a sedução e ela usa de todos os meios disponíveis para sentir-se mais atraente, mais feminina. Pode gastar, quase que involuntariamente, uma fortuna em roupas e cosméticos. Ou ainda correr para o cabeleireiro em busca de um novo corte de cabelo. Mentalmente sua atitude é pró-ativa e isso reflete-se em suas ações. Justiça acima de tudo, cobrar para dar.

Desafinado, em baixas quantidades ou ainda quando apresenta disfunções em seus receptores, o estrógeno tem sua meta alterada e faz com que a mulher externe uma feminilidade masculinizada.

Quando o organismo é invadido pelos estrógenos, ela se apresenta ao mundo de forma característica:

- postura sedutora, como de uma *femme fatale* (mulher fatal), porém sem iniciativa porque precisa de testosterona para ativar-se;
- busca ao máximo externar a sexualidade;
- pele lisa, sedosa, brilhante, cheirosa (também pela interação com os ferormônios);
- romântica.

Como Ver a Falta de Estrógenos

- postura relaxada, sem cuidado com a aparência;
- submissa e apática;
- pele seca e enrugada.

Também É Possível *Sentir a Presença* de Estrógenos

- sensação de ambigüidade;
- comportamento ativo, agressivo (receptivo-passivo) e sedutor;
- persistência, bom humor, clareza de pensamento (é um antidepressivo);
- melhor compreensão das coisas que a cercam;
- melhor vigilância, disposição;
- melhor paladar, olfato mais sensível;
- não leva desaforo para casa;
- reduz o estresse;
- reduz o apetite.

Também É Possível *Sentir a Falta* de Estrógenos

- depressão, medo, apreensão;
- irritabilidade;
- irresolução;
- insegurança;
- pessimismo.

Como Influenciar o Aumento de Estrógenos

— Inclua alimentos derivados da soja, grão rico em fitoestrógenos (hormônios naturais).

— Passe algum tempo cuidando da sua aparência. Vá ao cabeleireiro, faça um tratamento de beleza, capriche na maquiagem, escolha roupas que valorizem seus pontos físicos positivos. Enfim, invista na sua auto-estima.

— Fazer exercícios físicos, dançar e fazer sexo também estimulam a produção desse hormônio.

Progesterona

A progesterona é uma substância fundamental à mulher por favorecer a menstruação, a fecundação, o transporte e a implantação do óvulo fecundado até o útero, a manutenção da gravidez e a lactação. No entanto, ela só age quando há ação prévia e concomitante dos estrogênios. Ela é conhecida como o *hormônio da gravidez*.

É produzida, fundamentalmente, no ovário, nos 15 dias que se sucedem à ovulação através de uma organela chamada corpo lúteo, que é o local de onde, mensalmente, sai o óvulo. Esse hormônio é liberado na segunda fase do ciclo. Ele vai preparar o corpo da mulher para uma possível gravidez.

É importante frisar que como a progesterona é um hormônio diretamente ligado à reprodução, e pelo fato de hoje em dia a primeira menstruação chegar aos 12 anos e a mulher gestar, em média, apenas duas vezes ao longo de sua vida, esse estímulo hormonal pode ser prejudicial por cobrar uma gestação que não ocorre ou que só acontece duas vezes na vida.

Estando grávida ou não, o comportamento da mulher estimulado pela progesterona passa a diferir da fase anterior, a fase estrogênica. Ela procura proteger-se e vai em busca da qualidade do ninho. Ela cuida mais da casa, do lar, do que de si mesma. Vai mais ao supermercado. Tem uma vida mais íntima do que pública, é mais caseira e menos social. Protege seu par, coopera para que ele se sinta bem no ambiente doméstico. Preserva-se, organiza-se, cuida do que conquistou, associa-se. Sua tônica é a cooperação. Pensa na decoração do lar, mais do que no seu "charme". Quando em excesso, provoca na mulher compulsão alimentar, como se estivesse grávida e precisasse comer por dois. Provoca ainda cansaço, inchaço, sono. A mulher chora mais facilmente, fica muito emotiva, materna, participante. Ela se entrega, esquece o que lhe fizeram de mal, perdoa, compreende. Deixa-se envolver por conversas carinhosas e acalentadoras. É uma *lady* organizada, uma súdita.

Como Ver a Presença de Progesterona

- inchaço geral;
- pele opaca;
- postura maternal, de braços abertos;
- aumento de peso;
- diminuição do odor feminino;
- preservação da gravidez;
- se em associação com a prolactina, acaba com o desejo sexual;
- atitude pacificadora.

Como Sentir a Presença de Progesterona

- esquecimento, distração;
- comportamento esquizóide, rabugento, autodestrutivo;
- incerteza;
- necessidade de dar e receber proteção;
- agressão defensiva;
- embotamento (diminuição da elaboração do pensamento);
- depressão;
- irritabilidade;
- é um sedativo leve; porém, se a quantidade desse hormônio for alta, funciona como anestésico;
- aumenta a MAO* (depressivo suave);

*MAO — ou monoaminoxidose — é uma enzima que tem importante função no sistema nervoso central. Em doses muito altas ou muito baixas, pode provocar disfunções.

- reduz a reatividade;
- aumento da temperatura corporal;
- sensação de estar gorda (aumento de peso);
- desejo alimentar;
- perda do sentido do tato;
- causa fadiga, esquecimento.

A única maneira de aumentar a progesterona é pelo uso de anticoncepcionais orais. Sua produção é alta durante a gravidez e o aleitamento.

Mecanismo de Ação	
ESTROGÊNIOS (ativadores)	PROGESTOGÊNIOS (inibidores)
antidepressivo	depressivo
↑ atividades sensomotoras (olfato, audição, visão)	propriedades anestésicas
↑ coordenação motora	estabilizador do humor
↑ memória	subtração mental
convulsivante	anticonvulsivante
+	

A Interação dos Hormônios e Outros Elementos

Os estrógenos agem sobre os neurotransmissores e os opiáceos naturais (morfina natural), principalmente as endorfinas, com a meta de aliviar a dor e oferecer sensações de prazer. Por exemplo, quando se faz sexo, esporte ou outras atividades físicas de esforço que poderiam causar dor, com a liberação das endorfinas o que sentimos é prazer. Explica-se assim a euforia que o esporte e o sexo causam.

Endorfinas

Elas controlam a temperatura basal do corpo (rubor, quente e frio), atuam sobre o sistema cardiovascular e respiratório, ativam a transpiração, aliviam a dor, interferem no humor e na atividade locomotora. Pessoas deprimidas têm baixa liberação de endorfinas e quanto mais inativas forem, menor será a taxa de endorfinas no seu organismo.

Ação das Endorfinas

- regulam o eixo hipotálamo-hipófise;
- controlam a temperatura basal (rubor, quente e frio);
- atuam sobre o sistema cardiovascular e respiratório;
- ativam a transpiração;
- aliviam a dor;
- melhoram o humor;
- interferem na atividade locomotora (deprimidos têm preguiça);
- aumentam a ingestão de alimentos e água;
- influem no comportamento sexual;
- diminuem as psicoses (com noloxona, diminuem as alucinações nos esquizofrênicos);
- previnem a depressão (agem no sistema límbico);
- reduzem o estresse.

Como Sentir a Falta de Endorfinas

- alterações da temperatura (rubor, quente e frio);
- pulso aumentado;

89

- insônia;
- ansiedade;
- depressão;
- nervosismo;
- irritabilidade;
- dores musculares e nas articulações.

A prática regular de exercícios físicos e de atividades prazerosas pode aumentar a liberação de endorfinas no organismo.

Andrógenos

Suas metas são os múltiplos aspectos da masculinidade. Entre os hormônios androgênicos, o principal é a testosterona, fabricada nos testículos, ovários e supra-renais. Nos homens, ela encontra-se presente de 20 a 40 vezes mais do que nas mulheres e seu trabalho é torná-los lógicos, "sensatos", sintéticos, irritados, bélicos, bem-humorados. Nas mulheres, aumentam do 7º até o 17º dia do ciclo, aumentando o desejo sexual.

Porém, mulheres com androgênios altos não têm ciclos menstruais regulares; podem se tornar obesas, com pêlos grossos do tipo masculino (hirsutismo), ter queda de cabelos e, em casos graves, alopécia grave. Também estão propensas a abortos espontâneos. Quanto maior o nível de androgênios, maior a agressividade, mesmo que desnecessária. Em relação à QI, melhora a cognição e quanto à QE, é um antidepressivo potente, altamente estimulante da fantasia, novidade e autoconfiança.

Esse hormônio tem como meta a competição e o belicismo. Em situações que poderiam ser resolvidas com calma, as pessoas hipertestosterônicas usam de violência. Em situações de vitória, sua taxa também se eleva, aumentando ou facilitando a produção de adrenalina. É mais alta pela manhã e possui ciclos de 15 a 20 minutos. Este fato torna o homem mais apto para o sexo pela manhã, ao contrário da mulher, que nesse período tem menores taxas de estrogênios. Sabemos que na esteroidogênese fisiológica (produção dos esteróides), a testosterona pode transformar-se em estrogênios, sem feminilizar o homem nem masculinizar a mulher. Mas quando esse processo é alterado, leva à virilização da mulher com hipertrofia (crescimento exagerado) muscular e do clitóris, e mudança do timbre de voz.

Na sua forma natural e em níveis normais, aparece no organismo feminino em fluxos rápidos, principalmente durante a excitação sexual.

Gonadotrofina Coriônica

Esse hormônio só entra em ação quando a mulher está grávida e a sua meta é levar a gestação até o término através da função placentária. Ele é produzido a partir da fecundação do óvulo por tecidos que compõem a gestação. É o hormônio que denuncia, pelo seu aparecimento no sangue e na urina da mulher, a gravidez.

Sob a ação da gonadotrofina coriônica, o organismo feminino não rejeita a presença de outro ser em seu interior (o feto no útero), torna-se mais sensível, cooperativa e, ao mesmo tempo, a mais feroz defensora de sua "criança".

Alguns de seus efeitos colaterais, como enjôos, intolerância a cigarros, drogas, álcool etc., são classicamente chamados de sintomas da gravidez.

Quando a taxa desse hormônio é reduzida em conseqüência da falta de progesterona, pode ocorrer um aborto de causa hormonal. Também é em função da redução de sua taxa, no final da gestação, que é desencadeado o processo de trabalho de parto.

Prolactina

Antigamente acreditava-se que esse hormônio tinha a única função de produzir o leite para a amamentação. Hoje sabe-se que a prolactina tem influência na *performance* sexual de homens e mulheres. Produzida pela hipófise, e diretamente subordinada ao córtex, ela aumenta durante a gravidez e atinge seu pico máximo durante a amamentação.

Ela diminui o desejo sexual das mulheres durante a gestação e o diminui mais ainda durante a amamentação, época em que inibe também a lubrificação que ocorre nos genitais durante a fase de excitação da mulher em um encontro amoroso. Na fêmea não-humana, é responsável pelo fato de não aceitar a cópula estando grávida.

No homem, os efeitos da elevação da taxa são mais drásticos: ele torna-se impotente e tem baixa produção de espermatozóides.

A prolactina pode elevar-se pelo uso de medicações (como calmantes, remédios para enjôo, inclusive o *jet lag** ou estresse) durante viagens aéreas longas, estresse e distúrbios da tireóide.

Os aspectos emocionais (QE) e racionais (QI) também ficam alterados, pois esse elemento inibe as sensações levando à depressão, fadiga e grande diminuição da atenção, respectivamente.

---

* O termo Jet lag é usado para explicar o estado de extremo cansaço que ocorre aos passageiros de vôos aéreos muito demorados.

Adrenalina

É um neurotransmissor com a meta de preparar o organismo para reagir diante de uma ameaça. Na mulher, ao longo dos últimos seis mil anos, era pouco solicitado. A partir do momento em que o estilo de vida passou a ser mais competitivo, ele tornou-se mais presente. Grandes descargas de adrenalina têm como conseqüência distúrbios do sono, enfartes agudos do miocárdio e fadiga crônica, episódios clínicos raros entre as mulheres no passado, porém comuns nos dias atuais.

É a adrenalina que, liberada em excesso, gera os sintomas do estresse. Portanto, é um neurotransmissor que tenderia a igualar os gêneros do ponto de vista do comportamento, mas sua associação aos estrógenos leva a diferentes resultados de quando em conjugação com os andrógenos:

• adrenalina + estrógenos = conflito;
• adrenalina + andrógenos = ações impulsivas.

Situações de perigo e de tensão aumentam as descargas de adrenalina.

Serotonina

É um neurotransmissor que tem como meta a modulação do humor. Em altas doses gera euforia, em quantidades muito baixas pode provocar depressão, podendo até levar ao suicídio. A serotonina aumenta o desejo de comer doces e estimula o apetite de modo geral. Também modula o desejo sexual: em concentrações muito altas ou muito baixas, inibe o impulso. O ideal é a serotonina fisiológica para uma vida de qualidade.

Suas ações em relação aos androgênios são paradoxais: a serotonina diminui quando a testosterona sobe e há aumento da virilidade. Na mulher, se a serotonina aumenta, a testosterona diminui e entram em ação os estrógenos, proporcionando maior feminilidade. Quando as taxas de serotonina são muito baixas, levam a comportamentos instáveis como alcoolismo e suas conseqüências. A circulação de serotonina é estimulada quanto mais intensa e satisfatória for a nossa vida sexual. Pessoas que vivem sob dietas rigorosas estão sujeitas a terem baixos níveis desse elemento.

Ocitocina

Secretada pela hipófise posterior, porém encontrada em todos os tecidos do corpo, está ligada ao contato físico. Tem grande importância durante o parto e seus picos ocorrem durante o orgasmo e a amamentação (durante o aleitamento, faz com que o leite materno seja ejetado logo após o toque do bebê no seio).

Como é um hormônio ligado ao toque, acompanhanos desde o nascimento até a morte, só desaparecendo quando não somos mais acariciados. E os momentos em que melhor mantemos contato físico acontecem durante a fase do parto, amamentação e o coito por toda a vida. É por isso que abraçar e acarinhar é tão importante para a nossa saúde e a escolha de quem nos toca também é vital. Trocar carícias com quem não amamos não libera ocitocina. No homem acelera a ejaculação e aumenta a sensibilidade do pênis.

A ocitocina também age em conjunto com os estrogênios, aumentando sua ação. Assim se explica por que uma mulher bem-amada por um homem de quem gosta tem maiores possibilidades de não ter deficiência desse hormônio. A atividade sexual saudável é o maior estímulo para a sua produção: quanto maior o contato físico, maior o índice de ocitocina. O prazer aumenta a nossa sensibilidade aos ferormônios do parceiro que, por sua vez, fazem aumentar a serotonina, molécula do "bem-estar" e do desejo das coisas boas da vida.

Ferormônios

Há 40 anos, Peter Karlson e Martin Lischer criaram o termo ferormônios (do grego *pherein*, transferir, e *hormon*, excitar) para designar um tipo especial de ação hormonal. Na natureza esse elemento é responsável por uma silenciosa rede de comunicação química à distância entre os seres vivos. Um exemplo de sua poderosa ação ocorre entre as mariposas e as borboletas. As fêmeas emitem ferormônios que viajam pelo ar a milhas de distância, induzindo os machos a voarem em direção à fonte emissora. Insetos como formigas, cupins e vespas produzem uma série variada de ferormônios que regulam suas vidas sociais. Nas abelhas produtoras de mel, esse elemento produzido pela rainha inibe o sistema reprodutivo das abelhas operárias, que só podem botar ovos após sua morte.

Nos mamíferos, essa substância é liberada como atrativo sexual, para demarcar território, emitir sinais de alarme ou transmitir outros tipos de mensagens. Ela pode regular o mecanismo neuroendócrino dos "receptores" à distância, determinando-lhes o comportamento de forma sutil, porém eficientíssima. Apesar de positiva, sua ação em algumas situações repercute negativamente. Ratas grávidas, por exemplo, abortam seus fetos quando expostas a ferormônios de urina de ratos machos que não sejam os pais de seus embriões. Um hamster macho copula com outros machos quando anestesiado e envolvido em afrodisina, um ferormônio da vagina da hamster fêmea.

Na reprodução animal por inseminação artificial os ferormônios são utilizados para facilitar a receptividade da fêmea. Logicamente os componentes da sexualidade humana não podem ser reduzidos a reações bioquímicas, mas nestes tempos de tantas pesquisas, o tema passa a ter suma importância. Bem conhecidos no reino animal, recentemente passaram a ser fonte de estudos nos humanos.

Em 1991, cientistas descreveram no ser humano uma estrutura anatômica antes desconhecida, chamada órgão-vomeronasal ou VNO (*vomeronasal organ*), localizada na cavidade nasal. As células do VNO transmitem ao cérebro mensagens "recebidas" através da inalação de micropartículas vindas do meio ambiente. Estas poderiam ter sido exaladas da pele de alguém próximo e são reconhecidas como atraentes ou repulsivas.

Uma pessoa de tamanho normal perde cerca de quatro milhões de células por dia e portanto todos estamos envoltos em uma nuvem de partículas ativas que nos estimulam. Apesar dos ferormônios nem sempre gerarem qualquer reação perceptível ao receptor, algumas pesquisas são muito interessantes. Uma delas, realizada por Martha Melintork e Katleen Stern, da Universidade de Chicago, é bastante intrigante. Estas cientistas recolheram amostras de suor de voluntárias em chumaços de algodão tratados com álcool. Todos os dias, durante dois meses, os chumaços eram esfregado sob o nariz das voluntárias que eram orientadas a não lavar o rosto durante seis horas. O resultado da experiência foi a alteração do relógio biológico das receptoras: o período da sua ovulação e menstruação foi significativamente mudado.

Elas relatavam que não sentiam qualquer odor nos chumaços, a não ser o do álcool. Nos humanos parece que há um "contágio emocional", ou seja, sentimentos de simpatia ou empatia podem ter, em parte, uma influência ferormonal.

Na cultura ocidental, nos últimos três séculos, o olfato perdeu para a visão e a audição como sentido. Comumente, em relação aos odores do sexo, citava-se "o odor fétido do pecado". O poder curativo de aromaterapias, através da utilização de incensos e perfumes, sempre foi de uso leigo. A ciência ainda é cética em aceitar sua ação, porém já dá os primeiros passos. A empresa americana Pherin Pharmaceuticals, sediada na Califórnia, desde 1991 patenteou e vem desenvolvendo substâncias quimiossensoriais, as chamadas "vemerofeninas".

Essas substâncias, em doses mínimas — menos de um bilionésimo de grama — vaporizadas em voluntários, estão sendo pesquisadas para terapia de reposição hormonal, ataques agudos de pânico e tensão pré-menstrual.

A mente, assim como o clima, é um grande enigma para a ciência. Embora os meteorologistas possuam processos técnicos sofisticadíssimos, pouco se sabe a respeito do que influencia a formação do tempo. O certo é que, empiricamente, pessoas de regiões rurais acertam mais do que as previsões fornecidas pela mídia. Esse é apenas um termômetro rudimentar, mas uma prova da sensibilidade ainda não completamente estudada dos seres humanos.

No comportamento sexual, muitas vezes, a atração ou a repulsa são influenciadas pelo odor do parceiro. Possivelmente esse conhecimento da inteligência hormonal (QH) influenciando a QI e a QE já era usado para a "produção" dos eunucos. Estes homens, cuja função era cuidar dos haréns, eram castrados para que sua QH sofresse uma perda, não sendo assim mais atraentes às mulheres que deveriam policiar. A castração, além de reduzir os hormônios androgênicos, tirando a libido, reduz a liberação dos ferormônios, acabando com a "atratividade bioquímica".

Há milhares de anos os conquistadores tinham conhecimento de que deveriam "castrar" seus inimigos após a vitória com o objetivo de "amansá-los". Homens que perdem seus testículos em acidentes, doenças ou cirurgias, relatam uma evidente redução da libido, porém podem ainda persistir com a ereção. Relatam pouco interesse pelo sexo, apesar da ereção reflexa. Este possivelmente seja o motivo pelo qual os usuários do sinedafil (Viagra) necessitam da presença do desejo sexual. Somente a ereção, proporcionada pelo remédio, transforma-os em péssimos amantes. Em mulheres, que não precisam de ereção, essa substância provou ser inócua para o aumento da libido.

Apesar das pequenas variações dos níveis de testosterona, como acontece ao envelhecer, homens de idade mantêm melhor *performance* com mulheres mais jovens graças aos efeitos dos ferormônios liberados pela pele bem estrogenizada. Aparentemente, uma pequena quantidade de hormônios masculinos garante a ereção, mas possivelmente uma parceira liberadora de sua alquimia ferormonal pode provocar o "apogeu sexual" dos cinqüentões, logicamente associada ao relacionamento saudável (carreira, saúde etc.).

Um fato intrigante é que, em muitas mulheres, a menopausa aumenta seu impulso sexual, apesar da redução hormonal feminina. A terapia de reposição hormonal com hormônios exclusivamente femininos não devolve a libido, porém se seu parceiro é bem androgenizado e liberador de ferormônios, esta queixa (queda da libido após a menopausa fisiológica ou cirurgia por remoção dos ovários) não é observada.

Outro fator de atração é a temperatura: o estrógeno faz com que a mulher tenha a temperatura baixa e sinta frio. A testosterona faz com que o homem tenha a temperatura alta e sinta muito calor. Daí derivam as brigas entre casais com relação a pés frios das mulheres buscando o calor de seus companheiros e eles, sufocados pelos cobertores das companheiras, querendo liberar seus calores de outra forma. Após a menopausa este ciclo se inverte: as mulheres têm ondas de calor e os homens sentem muito frio, o que faz com que eles se complementem na velhice.

Parece que o parceiro transfere através do OVN parte do seu potencial bioquímico de sedução. Como ocorre com o tempo, o céu com nuvens carregadas não significa que haverá chuva. Isso dependerá de outras condições. Para os hormônios e a QH, também são importantes os níveis hormonais, mas sem a QI e a QE pode acontecer de "não chover" ou não ocorrerem os estímulos sexuais apropriados. Ou esses estímulos ocorrem, mas a QI não os identifica ou, pior, os ignora. O mesmo pode acontecer com a QE, interpretando os impulsos como emoções desconhecidas ou inapropriadas.

Os Hormônios e o Desenvolvimento Sociopsicossomático

Para o ser humano do gênero masculino, as fases da vida são lineares e previsíveis. Os níveis de testosterona, apesar de terem variações durante o dia, obedecem a uma certa constância, só declinando na senectude. Assim, a curva da testosterona na vida masculina seria:

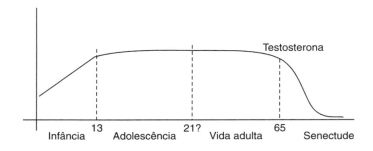

Já a vida do estrogênio na existência feminina é sujeita a ciclos:

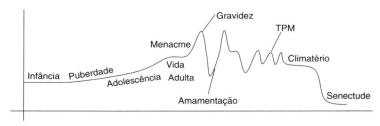

Para o homem, o equilíbrio de sua inteligência racional (QI), inteligência emocional (QE) e inteligência hormonal (QH) é mais estável, ao passo que para a mulher esta estabilidade é conseguida com muito esforço. Portanto, para agir coerentemente durante uma "avalanche" hormonal como a da adolescência, da gestação ou da amamentação, as inteligências racional e emocional devem ter uma grande interação.

As ameaças provocadas nas inteligências emocional e racional pelas variações dos hormônios femininos cíclicos só são perceptíveis por meio de autoconhecimento, senso de auto-observação e atenção. Sem esses fatores, agimos impulsionados pelos hormônios, achando que é razoável ou coerente.

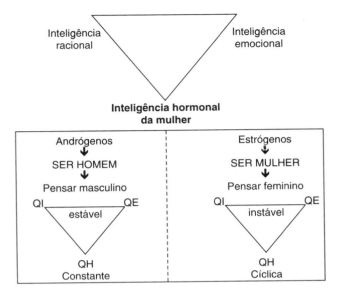

Fases Críticas da Mulher	Coeficiente Racional	Coeficiente Emocional	Coeficiente Hormonal
Gestação	Igual	Maior	Diferente
TPM	Menor	Maior	Diferente
Climatério	Igual	Menor	Menor
Amamentação	Menor	Maior	Menor

No homem não há ferramentas fisiológicas que o façam variar circunstancialmente em torno dos hormônios e do corpo. Mas a auto-imagem feminina passa por mudanças rápidas ao longo do mesmo mês. Ela está sujeita a alterações em função do ciclo menstrual; na gravidez essa revolução dura quase um ano e com o climatério, para o resto da vida. Portanto, a mulher vive a necessidade de se manter estável nesse mar revolto das flutuações hormonais, contando para isso com a colaboração dos sistemas racional e emocional.

101

Como a sociedade responde masculinamente aos fatores femininos, as adaptações improvisadas pela mulher levam-na a uma grande angústia, especialmente pela necessidade de "vivenciar" esses fenômenos. Uma executiva, por exemplo, precisa reformular sua carreira porque descobre que está grávida no ápice de seu projeto profissional. Terá de amamentar e, mais tarde, passar pelos fenômenos do climatério justamente na sua melhor fase profissional, tornando suas relações com o futuro comprometidas.

O homem, por não ter sinais biológicos mensais da passagem do tempo, geralmente é mais alienado de suas funções. Para a mulher é fácil observar seu estado hormonal. Sua menstruação funciona como um despertador da sua consciência cíclica. Se ela anotar em sua agenda como se sente, observar como se comporta e o que seu corpo lhe diz saberá como está seu QH.

HORMONOGRAMA		
Sensação/sentimento	Comportamento	Físico
• Bom humor ou humor depressivo	• Brigar	• Muco cervical (clara de ovo)
		• Inchaço no baixo abdome
• Paciência	• Comer	• Palpitação leve
• Segurança	• Sono	• Temperatura corporal
• Sensibilidade	• Iniciativa	aumentando
• Bem-estar/ânimo	• Libido	• Pele ótima

Como vemos neste exemplo, cinco sintomas psicológicos, cinco comportamentais e cinco físicos anotados em uma agenda diária feminina podem nos dar dicas a respeito do ciclo hormonal em que esta mulher está. Resposta: ovulando. Exemplo: uma mulher no dia em que está menstruando.

Um exemplo extremo de falta de estrogênios é uma mulher com tonturas e zumbidos no ouvido, ondas de calor, dores de cabeça, nas juntas ou nos músculos, deprimida, com palpitações, sem vontade de fazer sexo e insegura de si mesma.

Já uma mulher com feminilidade pós-menstrual equilibrada seria alguém em paz com seu corpo, resoluta, organizada, com tesão de viver e de amar, pele radiante, muito friorenta, sem apetite ou com apetite normal. Mais interessada em cuidar de si do que em ir ao supermercado ou preocupar-se com a inflação, os desajustes sociais ou a falta de creche na empresa.

Logicamente, estamos usando uma linguagem estereotipada, pois os fenômenos se entrelaçam. Uma mulher pode ser vaidosa e cuidar muito bem de sua auto-imagem (estro) quando luta por melhorias sociais em seu país (progesta) e no mundo.

Portanto, quando falamos em feminilidade, temos de pensar no equilíbrio ou no *Tao da mulher*, em que as forças se complementam, somam e não se opõem.

O tao hormonal ou a inteligência hormonal em ação, segundo a cultura oriental, seria um ponto de equilíbrio dinâmico. Seria um ideal imaginário em que as forças se harmonizassem somando-se e multiplicando-se mês a mês.

Assim, na primeira fase do mês, a mulher é criativa. Em seu ovário, um novo óvulo foi requisitado. Embora desde o nascimento ela tenha em média 350 mil, usa apenas um por mês. Um grande exemplo de economia sensata.

Passa 15 dias do ciclo amadurecendo um óvulo no folículo para liberá-lo somente na época certa, ou seja, na ovulação. Uma demonstração de organização sem igual.

Mas, enquanto esse óvulo está em processo de amadurecimento, ela vai ao centro de estética, aceita convites para festas ou jantares íntimos. É alegre, atraente, sedutora, dirige bem e com velocidade. Sente-se segura, com paciência, tenacidade e inteligência. É uma estrategista nata, com grande senso de *marketing*. Conquistado seu objetivo, ou seja, a realização de lucros (ovulação com ou sem gestação), ela passa a administrar o processo. Torna-se conservadora, reservada. Agora é ela quem convida pessoas selecionadas para jantar, alimenta-se melhor e equilibradamente para nutrir o óvulo fecundado ou preparar-se para repetir a mesma estratégia no mês seguinte. É cuidadosa no trânsito. Acumula alguns mililitros de líquido e ferro, pois sabe que se não estiver grávida vai perdê-los. Revela-se aqui economicamente conservadora. E durante a gravidez, pensando no bem-estar do bebê, ela pára de fumar. Interessa-se pelos ciúmes do primeiro filho. Projeta seu parto e a amamentação com antecedência. Arruma o quarto do bebê da melhor forma possível. É calma, procura não se estressar. Essa mulher deveria receber o certificado ISO de qualidade de processos.

Durante o parto, enfrenta dores, desafios, sem perder a ternura, colaborando com a equipe médica, mantendo o controle do processo. Entende quando o marido está preocupado e o tranqüiliza. Quer que o primeiro filho venha logo para integrar-se à sua nova família. Uma grande lição de gerenciamento globalizado.

Enfim, os hormônios fizeram a melhor faculdade de administração e economia para o progresso da humanidade.

4

FAZENDO OS HORMÔNIOS ATUAREM A NOSSO FAVOR

"Para nós ocidentais, seria bom seguir alguns conselhos orientais: desenvolver em todos os momentos de nossas vidas a conscientização, prestar atenção às nossas emoções, palavras e ações. Quanto mais atentos estivermos a nós mesmos, a nossos pensamentos, melhor será o aproveitamento de nossa energia criadora hormonal, maiores chances teremos de calar nossos diálogos interiores e nos conectarmos à energia universal, e efetuar pequenos 'milagres'. Primeiramente, ocorrera uma ridicularização, depois uma surpresa e, por fim, a idéia nova é aceita e torna-se utilíssima."

E. B.

Se não podemos negar o poder dos nossos hormônios, devemos ao menos tentar entendê-los e usá-los inteligentemente. A QH é tão vital como as outras formas de inteligência (QI e QE). Conhecendo a influência dos hormônios no dia-a-dia é possível revolucionar o cotidiano. O primeiro passo é desenvolver o que se chama de *observer*, uma espécie de auto-observador interno. Ou seja, a proposta é que cada mulher seja a observadora de seus movimentos hormonais. A única ferramenta necessária para isso é a atenção.

Observe os acontecimentos internos, externos e permaneça sensível aos fatos (sem julgamento), anotando as impressões e conclusões. É interessante reservar um espaço na agenda ou ainda criar num caderno um diário hormonobiográfico. Nele, cada pessoa fará um exercício de reflexão, escrevendo um guia de sua evolução nesse trabalho que fornecerá informações extremamente úteis no decorrer do processo. Em muitos casos, o simples fato de prestar atenção às emoções decorrentes das alterações hormonais já é suficiente para modificá-las.

Outro ponto importante do trabalho é não tentar bloquear-se nem se reprimir, mas transformar-se, ou seja, modificar a energia, a vibração, o processo, e não anulá-lo ou negá-lo. Basicamente, uma mulher pode ser predominantemente estrogênica, progesterônica ou androgênica. Além disso, dependendo do momento social, profissional ou emocional que essa mulher está vivendo, ela pode se encaixar em um dos dois perfis abaixo:

MULHER TRADICIONAL QH Predominante	MIDIA-WOMAN QI Predominante
Gerar é tudo	Gerir é tudo
Instintos maternais intensos	Necessidades materiais altas
Sensibilidade alta	Resultados a qualquer custo
Intuição	Controle
Heterodirigida	Auto-regida
Interdependência	Auto-suficiência
Cooperar	Ganhar
Realização na maternagem	Realização na conquista

Mulheres Estrogênicas

São aquelas em que a feminilidade predomina em relação aos traços maternais ou masculinos. Têm, preferencialmente, um perfil estrogênico. As QI, QE e QH investem suas energias para a auto-afirmação pessoal e individualidade:

- tem a feminilidade como meta;
- competição;
- auto-imagem corporal: feminino-moda;
- sua principal fonte de sofrimento ocorre quando sua feminilidade é ameaçada;
- ama e precisa ser amada por sua beleza, sensibilidade, valores profissionais, mas principalmente pela sua feminilidade;
- empreendedora;
- instável, às vezes fugaz;
- missão: vencer;
- sintética, grande mulher, deusa;
- a revolução acima de tudo;
- dialoga mais que introjecta;
- ímã sexual que se emociona e se apaixona facilmente;
- agrada aos homens, mas precisa ser valorizada pela beleza e sensualidade;
- exige prazer sexual;
- busca homens que podem ser dominados;
- relacionamentos inseguros e emocionalmente instáveis;
- ruptura com a tradição inovadora;
- "me dá prazer que eu tenho prazer pra lhe dar";
- ferormônios altos, cheiro de fêmea no cio;
- conquistadora: após a conquista parte em busca de outras conquistas.

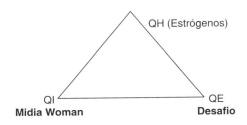

Mulheres Progesterônicas

Têm sua QI, QE e QH investindo na formação da família ou grupo:

- maternidade como meta;
- a cooperação é um dos seus principais valores;
- a imagem social de mãe é muito importante;
- sua principal fonte de sofrimento: ameaça à prole ou à família;
- ama intensamente e adora ser amada por seus predicados de boa companheira, emotividade, mãe afetuosa e constante;
- conservadora, constante;
- missão: a família;
- analítica; a grande mãe compreensiva;
- laços de sangue, vínculos com o solo, aceitação passiva dos fenômenos naturais;
- limites pouco precisos, indulgente;
- compartilha, introjecta, ouve muito, expõe-se pouco;
- colonizadora: conquista e permanece no terreno conquistado;
- pode aceitar sexo sem orgasmos;
- pode trocar sexo por atenção e carinho;
- complacência;
- busca homens dominadores;
- relacionamentos emocionais e complicados;
- conservadorismo em relação à tradição;
- "dar prazer, dá prazer";
- poucos ferormônios, odores pouco atraentes;
- irritáveis em relação aos homens, agressivas para com a proteção da prole e carinhosas para com os filhos.

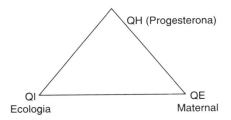

Mulheres Androgênicas

Nessas, a QI, QE e a QH estão voltadas para a hierarquia, o respeito e o razoável:

- sua imagem social é de vencedora, não só competidora;
- atitudes rígidas; quando invadida ou contrariada, tem nessa invasão sua principal fonte de sofrimento;
- planificadora, impõe uma educação perfeccionista;
- esportista por excelência;
- ameaça os homens por sua liderança;
- solitária por opção;
- consolidação como meta;
- missão: possuir;
- invade, conquista e mantém;
- não valoriza tanto o compromisso do casamento como o da fidelidade;
- evita falar sobre os seus sentimentos;
- a atração sexual é mais genital, física, que exclusivamente por troca afetiva;
- o poder é seu afrodisíaco;
- desafia e exerce controle sobre o homem;
- procura homens que sejam os "líderes do bando", para estarem no mesmo nível;

- excitação e controle como metas;
- buscam relacionamentos descomplicados;
- "vamos trocar prazeres?";
- se sente solitária mesmo quando bem acompanhada.

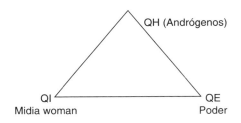

Hormonograma Diário

Como se observa, apesar de cada perfil possuir muitas características próprias, ninguém se encaixa como uma luva em nenhum deles. Sempre haverá pontos em comum e "dedos de fora"; porém, somadas as definições que mais se aproximam de sua maneira de viver e ver o mundo, é possível dizer quais os hormônios que estão determinando sua forma de agir e pensar. Para conseguir uma mudança, não é preciso muito esforço ou sair de pontos opostos e chegar aos extremos. A harmonia pode vir dos intermediários. A busca é pela autocoerência. Coerência entre a alquimia hormonal, as circunstâncias externas e emocionais.

Inicialmente poderá parecer estranho, mas assim como para ler é necessário antes conhecer as letras, tudo obedecè à sistemática de reconhecimento. Após a alfabetização hormonal básica, oferecida pelo conhecimento dos hormônios em ação, será possível fazer uma leitura de influências sobre você.

1) Para sua consciência hormonal, responda a algumas perguntas básicas: como os hormônios influenciaram sua passagem de criança para adolescente? E de adolescente para a vida adulta? E na gravidez? E na amamentação? E ao longo de cada mês? E nos primeiros 15 dias do ciclo? E nos dias subseqüentes? E no período em que está menstruada? E hoje, como você está? Estrogênica, androgênica ou progesterônica?

2) Para uma visão do todo, coloque os acontecimentos cronológicos determinados pelos hormônios em sua biografia. Exemplo de uma hormonobiografia:

Anos

0-13	13-18	18-25
Infância	**Adolescência**	**Adulto jovem**
	— 1ª menstruação	— Gravidez com enjôo
	— Ciclos regulares com cólicas	— Amamentação intensa e prolongada
	— Reação ao uso de hormônios (anticoncepcionais)	

25-35	35-45	45-55
Adulto	**Maturidade**	**Meia-idade ou Climatério**
— Nova gravidez sem enjôo	— Ciclos irregulares com volta das cólicas e sofrimento	
— Amamentação curta e difícil		
— Ciclos com anticoncepcionais e síndrome pré-menstrual**		

55-65	65-75
Pós-climatério	**Senectude**

** *Para outras informações, leia o livro* A tensão pré-menstrual e o tempo para mudanças, *Ed. Gente.*

111

3) Organize sua agenda menstrual mensal levando em consideração:
   a) os primeiros 15 dias: ação estrogênica;
   b) os 15 dias subseqüentes: ação progesterônica;
   c) ovulação: presença de androgênios em baixíssima quantidade;
   d) fluxo menstrual: ausência de influências hormonais.

Assim é determinado seu "dia hormonal", ou seja, qual hormônio está dominando seu ciclo no momento em que você está lendo este livro. Como está oscilando seu humor, desejo sexual, pele, cabelos?

4) Planeje e organize sua agenda hormonal para o resto do ano. Exemplos:
   • dias verdes — estrogênica;
   • dias rosa — progesterônica;
   • dias vermelhos — menstruar ou não;
   • meses azuis — gravidez;
   • meses amarelos — amamentação.

5) Todos esses momentos hormonais podem ser relacionados com episódios importantes no trabalho, nos relacionamentos, na família e no aspecto social.

6) Qual relação você estabelece entre seus ciclos hormonais e suas decisões na vida, como ter filhos, escolha da profissão, perfil do parceiro?

7) Re-evolução hormonal depende de muito trabalho, perseverança, consciência e ajuda do parceiro. Peça a ele para, através da observação, lhe dizer quais hormônios ele acha que predominam em você. Conscientize-o.

8) Envolva-se com alguém que lhe transmita ferormônios e testosterona com os quais você se sinta mobilizada. Não tenha medo de cheirar seu parceiro. Entre os odores dos desodorantes vencidos vem junto uma rica possibilidade de "viagem" química.

9) Atraia seu parceiro com a ajuda da sua alquimia. Lembre-se da nossa antepassada *Australopithecus afarensis*, da sua tatataravó *Homo erectus* e mais recentemente a *Homo sapiens*, que contavam com essa química como principal fonte de perpetuação da espécie. Não despreze essa maravilhosa herança.

10) Finalmente, um lembrete: ser hormonalmente inteligente é realizar as metas hormonais para melhorar a sua vida.

Hormonograma e Mudanças

Uma mulher de 42 anos, executiva de sucesso profissional, realizada na sua vida afetiva e emocional, após oito anos de psicanálise, de um momento para o outro pode ficar confusa. Entre outros sintomas, às vezes sente-se indecisa, vacilante, retraída, incapaz de pensar com clareza em seus antigos objetivos reais e até ideais, vive momentos como se estivesse sonhando ou alcoolizada, e em outros momentos a crise some como que por encanto. Crise existencial? Estresse?

Ela procura seu médico de confiança e faz vários exames clínicos e de laboratório, cujos resultados são normais. Retoma a análise e percebe que há poucos conflitos que ela pode responsabilizar por toda essa situação. O que pode estar acontecendo?

Anotando em um papel os sintomas sentidos e, no quadro, verificando com quais hormônios estão relacionados (se estão normais, aumentados ou diminuídos), essa executiva e qualquer mulher poderá saber o que está ocorrendo com ela fisiologicamente. Assim, saberá auxiliar seu médico a tomar as providências necessárias para equilibrar seus hormônios de modo natural (medidas dietéticas, mudança de hábitos de vida etc.) ou artificial (com medicamentos) para melhoras físicas e emocionais.

A seguir, um exemplo de como o hormonograma pode ser preenchido. A função desse quadro é fazer um gráfico do que ocorre durante o ciclo menstrual ou a gravidez, para que cada mulher reconheça como a QI, QE e QH estão atuando, e saiba como agir de forma harmoniosa, respeitando a integração das inteligências.

Faça sua tabela de acordo com os dias do seu ciclo menstrual. Algumas mulheres funcionam como um relógio — seja com ciclos de 28, 30, 32 ou 35 dias. Essa discrepância não representa um alarme do sistema hormonal, bem como a duração da menstruação, que em algumas mulheres é de quatro dias e em outras, pode chegar a uma semana.

Reconhecendo a Influência da Bioquímica

Todos adoramos pensar que vivemos com livre-arbítrio sobre nossas vidas. No entanto, se olharmos para nós mesmos, veremos que desde a vida intra-uterina (e até antes da gravidez de nossas mães) há um determinismo genético e hormonal a nos direcionar.

Esta expressividade hormonal, quando desconhecida ou negligenciada, pode ser uma das causas da nossa perda do

HORMONOGRAMA DIÁRIO
(exemplo de preenchimento)

Data	Dia do ciclo	Fenômeno físico	QI	QE	QH	Medicação ou paliativo em uso	Notas
01/01	1	Menstruo Cólicas	Férias Repouso Ler relatório	Calma Introspecção	E P A	Analgésicos	
08/01	8	Disposição Dentista Cabeleireiro	Reuniões Organização	Entusiasmo Criatividade Atração	E+A+P	Vitaminas	
15/01	15	Muco cervical Pele boa	Trabalho Teatro	Tesão Carente Estresse Saudades	E+A	Champanhe no gelo	
22/01	22	Pele oleosa Dor nas mamas	Bate-papo com amigas Trabalho Supermercado	Ansiosa Namorico	E+P+A	5 barras de chocolate	
29/01	29	Inchaço Dor nos seios	Curso de jardinagem Preguiça	Agitada Expectativa Irritada	E+P+A		

Legenda:

E = estrógenos

P = progesterona

A = andrógenos

HORMONOGRAMA DIÁRIO							
Data	Dia do ciclo	Fenômeno físico	QI	QE	QH	Medicação ou paliativo em uso	Notas
	1						
	2						
	3						
	4						
	5						
	6						
	7						
	8						
	9						
	10						
	11						
	12						
	13						
	14						
	15						
	16						
	17						
	18						
	19						
	20						
	21						
	22						
	23						
	24						
	25						
	26						
	27						
	28						
	29						
	30						
	31						

controle sobre nós mesmos. Ao contrário, se conhecida, pode ser nossa aliada.

Alegar que somos simples espectadores, desinteressados do que nossos hormônios fazem conosco, pode ser uma atitude inconseqüente. É possível argumentar que as disfunções hormonais são transitórias, mas o desconhecimento de nossos hormônios nos tira parte de nossas escolhas mais importantes. Interferir no nosso destino, usando a QH, é ter maior consciência do nosso destino. E esses hormônios e seus desvios só se tornam visíveis se conhecidos.

O que diferenciará as pessoas após terem lido este livro — e se auto-observarem — é que poderão auxiliar bastante seus médicos clínicos na condução dos tratamentos que visam à melhoria de vida. Muitas mulheres percebem muito mais suas crises hormonais do que os exames de laboratório podem evidenciar. Mas é preciso sensibilidade para poder observar o que nos está acontecendo e assim ajudar na investigação e no tratamento.

Nossa bioquímica participa de inúmeros acontecimentos complexos. O momento do nascimento de um bebê, por exemplo, também ocorre por um mecanismo hormonal que parte da hipófise fetal e, por meio de uma cadeia de estímulos, altera a bioquímica da placenta, encorajando a hipófise da mãe a liberar ocitocina e avisar que o momento do parto chegou. Esse mecanismo raramente falha. É chamado de "relógio placentário". É também por mecanismo semelhante que nos tornamos adolescentes com características e interesses sexuais específicos.

É pela QH ainda que buscamos parceiros para a reprodução e é esta mesma QH que determina o fim da nossa vida reprodutiva e a entrada nos mares calmos da terceira idade. Somos, em parte, os compositores e os intérpretes da "sinfonia" de nossas vidas e de nosso destino. E, surpreendentemente, também somos os ouvintes.

Se, para criarmos nossas composições, não tomarmos consciência (por falta de conhecimento ou interesse) dos fatores que influenciam a sinfonia, muito provavelmente ela sairá um "samba do crioulo doido", como dizia Stanislaw Ponte Preta em uma sábia marchinha dos anos 60. Seríamos influenciados por tantas "forças ocultas", que esses fatores nos desviariam de nossa rota e ficaríamos perdidos em meio a fracassos e desilusões sem entender o porquê.

Por outro lado, se despertarmos e criarmos nossas composições com conhecimento, com certeza, para seguirmos nosso rumo, tiraremos partido de todas as situações tanto favoráveis, melodiosas e harmônicas quanto desfavoráveis e desarmônicas.

Pode-se dizer que os hormônios agem sobre nós com o interesse de cumprir suas metas cósmicas. O estrogênio buscando a feminilidade, a progesterona a maternidade. Os androgênios buscando a masculinidade e assim por diante, um complementando o acorde dado pelo outro como que a seguir uma meta existencial superior e universal, de perpetuação da vida no planeta.

E como não estamos sozinhos, mas nos relacionamos com outros seres humanos, pessoas que também dançam esta sinfonia universal e buscam harmonizar suas composições, precisamos aprender como entrar no "compasso" hormonal do outro.

Para isso, diferimos dos animais irracionais, que só seguem seus instintos. Possuímos um tipo de inteligência que extrapola condutas primitivas e estabelece conexões com nosso neocórtex cerebral consciente, dando-nos as características da espécie humana.

Portanto, os hormônios são as ferramentas com as quais a natureza se comunica, modifica e interfere em nossa inteligência, nos mostrando metas existenciais, consoantes com uma ordem universal.

Para se comunicar bioquimicamente, a natureza criou ós ferormônios, moléculas produzidas por um ser vivo, capazes de influenciar o comportamento de outro ser vivo à distância inconscientemente por meio dos órgãos dos sentidos.

Assim, se lembrarmos da nossa ancestral *A. afarensis*, que para reproduzir-se ia até a moita mais próxima e liberava algumas moléculas de ferormônios enlouquecendo os machos em massa, ou as fêmeas caninas e felinas atuais, que liberam seus ferormônios durante o cio, veremos que todos estão dançando uma melodia cósmica pela vida, mesmo que disfarçadamente.

Entre a moita e o motel há os ferormônios, e entre as igrejas e as maternidades estão os hormônios determinando nossas vidas. Há mais bioquímica do que filosofia na história da humanidade, queiramos ou não.

Dessa forma, se a inteligência interpessoal é a capacidade de uma pessoa compreender a outra no que se refere à motivação, ao trabalho ou à forma como interage conosco, a *inteligência hormonal interpessoal* implica reconhecer no outro os hormônios, comunicando e compondo as suas sinfonias e influenciando as nossas vidas.

Já a inteligência intrapessoal é a forma individual e humana de autoconhecimento, como somos e reagimos. Esta consciência pode ser complementada pela *inteligência hormomal intrapessoal*, a capacidade de autopercepção e auto-influência dos movimentos hormonais que nos dirigem ou que queremos dirigir.

A Inteligência Hormonal Interpessoal

Ao sermos apresentados a alguém ocasionalmente, além de seu nome de batismo, podemos nos perguntar quase que automaticamente:

— De que gênero é (masculino ou feminino)?
— Em que fase da vida está (criança, adolescente, adulto ou maduro)?
— Se adolescente feminina, já teve a puberdade? Já teve a menarca ou a primeira menstruação?
— Se adolescente masculino, o que está acontecendo com sua voz, seu corpo está desajeitado?
— Se for mulher adulta, em que fase do mês ela está (fase pós-menstrual ou folicular, ovulatória, luteal ou menstruada)? Qual anticoncepcional ela está tomando ou medicamento com ação nos hormônios está usando?
— Se grávida, em que trimestre está?
— Se no climatério, na fase pré ou pós-menopáusica?
— Qual o hormônio que está regendo neste momento a vida desta pessoa?

Apesar de parecer sem importância ou superficial, a resposta a estas questões pode nos dar uma leitura mais profunda de quem são e como poderá ser o desenvolvimento das futuras relações com estas pessoas.

A Inteligência Hormonal Intrapessoal

A inteligência hormonal intrapessoal é uma aptidão correlata, voltada para o universo interior. É a capacidade de autoperceber-se, auto-reconhecer-se e formar um modelo de nosso momento hormonal interno de modo a usá-lo para agirmos eficazmente na vida.

Ela visa desenvolver a sensibilidade de usar conscientemente os momentos hormonais em favor das metas estabelecidas.

Ao tomarmos consciência do que está influenciando bioquimicamente nossa vida, estamos aproveitando nossa inteligência.

A autopercepção hormonal revela quanto de nossos sentimentos são reflexos condicionados da nossa educação, quanto são estimulados bioquimicamente e quais estamos ignorando.

Nossos hormônios determinam sentimentos viscerais como atração e repulsa, aos quais tentamos dar alguma forma lógica e não conseguimos.

Reconhecer quando um imperativo está sendo forçado por conta de um hormônio pode dar competência para sintonizá-lo com nossas metas harmoniosamente.

Um exemplo cotidiano: uma mulher jovem foi ao *shopping center* com o objetivo de comprar um liquidificador porque o seu acabara de quebrar. Ela está no período de pré-ovulação, com seus desejos claramente influenciados pelos estrogênios e em menor proporção (mas tão importante quanto) pelos androgênios. Essa combinação inconscientemente faz com que ela queira muito mais buscar um salão de beleza do que um eletrodoméstico.

No *shopping*, não precisou andar muito para, imediatamente, ser atraída por uma vitrine com um vestido sensual que provavelmente a ajudaria a ser mais sedutora. O conflito se instalou. Seguir o impulso ou a necessidade doméstica de comprar o liquidificador tão útil e necessário ao seu lar?

Estando consciente de seus determinantes hormonais, será mais fácil para ela decidir o que fazer, aonde ir, o que vestir e o que deseja experimentar. Ou seja, seguirá o determinante:

- QH (Inteligência HORMONAL) = a libido;
- QE (Inteligência EMOCIONAL) = a sedução
- QI (Inteligência RACIONAL) = comprar o vestido ou ir ao salão.

E o liquidificador que espere a fase seguinte, sem remorso nem culpa.

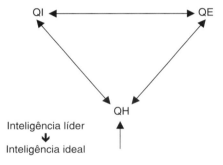

A Burrice Hormonal

A ciência médica contemporânea, ao desenvolver novas ferramentas terapêuticas (hormonoterapias, fertilização assistida ou drogas para modulação do humor, por exemplo), teve que levar em consideração, além das mudanças biológicas ocorridas neste século, as rápidas transformações sociais pelas quais passaram as mulheres.

A maioria das atitudes médicas no dia-a-dia recebe essas influências tanto ao entender o fluxo como uma sangria inútil como ao interpretá-lo como o símbolo da feminilidade. Um estudo feito por uma empresa de consultoria americana apontou o perfil ideal da executiva: uma mulher com alto nível de QI que aja de acordo com os interesses da corporação, competitiva o mês inteiro, QE sob controle e QH inexistente. Em outras palavras: uma mulher mal-amada para que sua QE esteja voltada para o trabalho e para que ela se apaixone pela empresa. Sua fertilidade deve ser baixa ou nula, para que seu instinto maternal volte-se para as atribuições do cargo e para seus subordinados ou chefes — QH suprimido ou não-valorizado. Assim, a executiva ideal deve estar livre de oscilações, ou seja, não menstruar.

Existem muitos interesses econômicos em suprimir a menstruação. Se a QH é de domínio do homem, a interferência na QI e na QE é uma decorrência natural. E com isso jogam-se fora todas as contribuições que a QH é capaz de oferecer. A empresa, em última instância, está obtendo apenas mais tempo e disponibilidade dessa mulher acíclica, estável. Isso não quer dizer que ela seja mais criativa, maleável e ofereça mais soluções para os problemas cotidianos.

Há exemplos de mulheres-mães, com sua inteligência hormonal em dia, na ativa em cargos importantíssimos na indústria, nas comunicações, na política e muitos outros setores. Mulheres que tiveram filhos mas, em vez de anular sua QH, colocaram essa ferramenta a serviço de sua satisfação pessoal e, conseqüentemente, de suas carreiras. Haveria necessidade de uma prova mais cabal das grandes vantagens do equilíbrio da inteligência hormonal? Administrando as fases de maneira sensata e sensível, todas têm o direito de viver plenamente seus ciclos e usufruir as vantagens de sua condição.

Quando pensamos em feminilidade, associamos essa idéia à suavidade, emoção, gentileza, subjetividade, cooperação, sensibilidade, receptividade e maternidade, mas é também o intelecto feminino que valoriza ao máximo os relacionamentos.

Por séculos na cultura ocidental houve uma grande hipertrofia das características masculinas, valorizando a razão em detrimento das emoções, objetividade ao invés de subjetividade, competitividade no lugar de cooperação. Está mais do que na hora de avaliar esse estado de coisas.

5

O CICLO SEXUAL HUMANO
E OS HORMÔNIOS

Um dos aspectos mais claros da ação dos hormônios na natureza, principalmente entre os animais mamíferos, é a sua influência sobre o acasalamento. O estro determina as modificações estéticas e o comportamento, tornando a fêmea receptiva ao parceiro, porém sempre com a finalidade procriativa. É nítida a ação dos estrogênios, determinando o cio e a aceitação da cópula exclusivamente no período fértil.

No reino animal inexiste o contato genital sem o objetivo reprodutivo. Também sob efeito intenso dos hormônios da gravidez (a progesterona e a gonadotrofina coriônica) é total a rejeição ao coito durante a gravidez e a amamentação. A mãe se torna mais feroz do que o próprio macho, protege sua prole e o seu ninho, e não mostra qualquer tolerância à corte.

Os machos sob efeito dos androgênios vivem para a caça e utilizam seus hormônios para delimitar seu território e afastar rivais desse espaço conquistado bioquimicamente. Entre os animais não há demonstração externa de menstruação nas fêmeas. Seus ciclos são o cio, gestar e amamentar e voltar a ter cio após cada fase gestatória.

Apenas nos seres humanos a reprodução traz também uma gratificação subjetiva para o instinto. Os hormônios participam do ciclo sexual em todas as suas fases uniformemente. Em nenhuma são prescindíveis. Nós, os humanos, além da reprodução — muitas vezes, nem mesmo desejada —, obtemos da sexualidade grande prazer sensorial (contato), poder (material e psíquico) e até mesmo, segundo alguns iniciados, a elevação espiritual. Para isso a QI precisa de um aval da QE, além de condições normais da QH. Assim, o intelecto, as emoções e o físico participam desse prazer.

O sexo, ao longo da história da humanidade, ganhou valores simbólicos complexos. O amor humano, que transcende o visceral e atinge o espiritual, também é uma manifestação da inteligência hormonal. Para percorrer essa complexidade de labirintos criados culturalmente, o processo toma dimensões maiores a que damos o nome de sexualidade humana.

Para uma compreensão mais abrangente, é necessário diferenciar estes dois conceitos:

GENITALIDADE: função caracterizada pela utilização dos órgãos do sistema reprodutor com o fim de obter sensações prazerosas.

SEXUALIDADE HUMANA: é composta por um universo de comportamentos complexos, hábitos e modelos de atividades sexuais que fazem com que as funções do sistema nervoso central (SNC) humano sejam integradas aos genitais, o que o torna singular na natureza.

Estas são as características fundamentais que nos diferenciam dos outros animais. A sexualidade humana transcende a genitalidade. Para exercê-la plenamente, precisamos de maturidade, comunicação, estabilidade emocional e existencial.

Para praticar a genitalidade é suficiente ter a anatomia genital e a medula íntegras, bioquímica hormonal saudável em um corpo apto ou desejoso de sexo. Mas para o bom desempenho da sexualidade humana é preciso um complexo entrelaçamento das emoções (QE), do cérebro (QI) e dos genitais em corpos humanos saudáveis, além da hormonologia e suas metas (QH), mesmo que exclusivamente voltadas para o prazer nos relacionamentos.

Ciclo Sexual e Ciclo Menstrual

Para melhor compreender a dinâmica do ciclo menstrual sobre a vida sexual do casal, é necessário estabelecer um roteiro básico da sexualidade e seus componentes. De forma didática, é imprescindível a presença de:

— **Libido ou desejo** — instinto nato, bioquímico, que vai sendo moldado pelas experiências e influenciado pela educação;
— **Sensualidade** — conjunto de crenças que formatam a auto-imagem de cada ser humano;
— **Erotismo** — a escolha de seres ou objetos eróticos;
— **Cópula** — ou RSH (resposta sexual humana). A masculina envolve a ereção-orgasmo-ejaculação. Já a RSH feminina tem como fases lubrificação-ingurgitamento-orgasmo.

Estes elementos levam à gratificação sexual, que pode ser apenas prazerosa ou envolver a reprodução.

Por este esquema do ciclo sexual definimos como libido a energia intrínseca a todos os seres, que os leva à busca do prazer. Essa energia nasce conosco e nos acompanha até nosso último momento de vida. Em algumas fases, como na adolescência e entre adultos jovens, ela aumenta; em outras, como na infância ou velhice, é quase ausente, mas nunca é totalmente abolida.

É ela que nos impulsiona todo dia ao acordarmos para buscar viver qualquer de nossos afazeres diários da maneira mais agradável possível.

Nós nascemos com ela, porém sua manifestação é moldada ao longo da infância através dos processos educativos (alguns muito repressores, outros mais liberais, de acordo com a cultura de cada sociedade). Também é influenciada por nossas experiências pessoais. Quando positivas, aumentam a energia libidinal; quando negativas, a diminuem.

No começo da adolescência, a ação de hormônios do hipotálamo sobre o sistema gonadal, em sintonia com o SNC e o corpo, dirige a libido na formação da sensualidade. Esta é a capacidade de ter consciência da auto-imagem e usá-la para seduzir pessoas do sexo oposto, em atividades voltadas para as sensações prazerosas.

Nos dias de hoje, entre os púberes e adolescentes, existe o "ficar", que nada mais é do que o exercício das primeiras experiências de prazer sensorial, através de toques, carinhos, beijos tipo "selinho", ainda não voltados para os genitais.

Quando a garota passa a contestar os pais em como ela deve vestir-se para ir à escola — aonde sempre foi de uniforme e agora quer ir de calça de grife da moda para realçar as formas físicas, que considera atraentes, ou minimizar o que chama de "defeitos" — e além disso precisa de maquiagem para tornar-se interessante aos garotos, temos a libido transformando-se em sensualidade.

Nessa etapa da vida, hormônios, mídia, amizades e curiosidade se fundem para levar o(a) adolescente a experimentar uma forma mais íntima de prazer, escolhendo para isso alguém que passa a ser seu objeto erótico. É a fase das primeiras experiências de auto-erotismo (dar prazer a si mesmo, antigamente chamado de masturbação) ou homoerotismo (experiências genitais com amiguinho(a)s do mesmo sexo). Muitas vezes os adultos interpretam erroneamente essas experimentações, como uma escolha de papel sexual. Porém, essa preferência definitiva só surgirá mais tarde, como resultado da erotização de algo ou alguém.

Caso essa fase seja vivenciada de maneira fisiológica, aí sim teremos a resposta sexual humana (RSH) ou cópula, transa, coito. A RSH, por sua vez, divide-se, segundo algumas escolas da sexologia, em duas fases (excitação e orgasmo) e segundo outras, em quatro fases (ereção/ingurgitamento, platô, orgasmo e resolução), tanto para os homens quanto para as mulheres.

Para a corrente científica à qual estamos filiados, atualmente se acrescenta uma fase final, tão importante quanto as outras, chamada de gratificação sexual. Ela acontece se o ato é exercido com alguém a quem amamos, mesmo que temporariamente.

Os hormônios influenciam todas as fases da sexualidade.

Os estrogênios participam da libido, agindo sobre o SNC e mantendo um "tônus de desejo" ao longo da vida. Também são importantes para o desenvolvimento da sensualidade desde a infância até a pré-senectude, moldando o corpo, mantendo a pele, os cabelos, o tom de voz, o brilho do olhar e a saúde do aparato genital. Eles desempenham um papel fundamental sobre o erotismo, facilitando a liberação de ferormônios, importantes para a atratividade sexual, como já foi visto em capítulos anteriores.

As ações dos estrógenos para a resposta sexual humana são inúmeras, e uma das mais importantes é manter a genitália feminina úmida, com temperatura apropriada, através da circulação vaginal, colaborando no ingurgitamento e reepitelização (novo revestimento celular) rápida após a relação. Também facilita a subida dos espermatozóides mantendo o muco que se instala no canal cervical no período da ovulação. É por meio deste muco, que aparece por volta do 12º dia de seu ciclo (contado a partir do primeiro dia de sua menstruação), que a mulher percebe que está fértil.

Por sua vez, a progesterona, a partir do 16º dia do ciclo menstrual, torna a mulher menos ligada à sensualidade e mais ao companheirismo. Sua libido se dirige mais para o arranjo da relação de parceria e menos para a *ralação* pura e simples.

Ainda no ciclo sexual feminino, destaca-se a importância dos androgênios, que dão à mulher mais agressividade na fase de excitação e durante o ato sexual. Com mínimas doses desse hormônio, a libido torna-se mais freqüente e arquitetada.

Ainda não se têm grandes dados na literatura médica quanto ao papel dos hormônios na sensação de gratificação sexual humana, a fase final da RSH, mas sabe-se que ela não ocorre em *sexholics* (viciados compulsivos em *ralações* sexuais). Porém, alguns efeitos do desequilíbrio hormonal — principalmente quando provocados por cirurgias — são conhecidos.

Intervenções para a retirada dos ovários mexem com o desejo sexual feminino, mas não o suficiente para anulá-lo. Por outro lado, uma cirurgia como a retirada da mama tem um efeito negativo sobre a libido do parceiro, o que prejudica a vida sexual de ambos, por modificar a sensualidade e não por mecanismos bioquímicos.

A laqueadura (ligadura de trompas para o controle da natalidade) pode ser extremamente desfavorável ao inconsciente, com o simbolismo da infertilidade agindo sobre a feminilidade, em mulheres imaturas psiquicamente, mas nada modifica a bioquímica sexual.

Por sua vez, a retirada do útero (histerectomia), apesar de o órgão não possuir função endócrina (produção de hormônios), pode resultar em modificações na resposta sexual, tais como lubrificação ou ingurgitamento.

O que se constata é que a QH deu à mulher peculiaridades únicas:

- sexualidade com orgasmo;
- gratificação imediata (prazer sensorial e orgástico), gratificação mediata (reprodução) e gratificação tardia (maternagem compartilhada com o parceiro da reprodução);
- poder de sedução não só pela bioquímica, como pela intelectualidade, criatividade e inteligência;
- reprodução assexuada por meio da fertilização assistida;
- melhoria na qualidade de vida após o fim da fertilidade com reposição hormonal artificial ou natural;
- possibilidade de escolher a época e se quer ou não menstruar.

E, o principal: a *consciência* de sua feminilidade e o poder de sua sexualidade.

Sexualidade, Genética e Escolhas

A sexualidade descrita até agora tem a ver com pessoas de sexos opostos. Essa diferenciação entre os gêneros também acontece pela ação dos hormônios, após a concepção. Desde a fase intra-uterina a QH começa a preparar a sexualidade. É pela presença da testosterona na 7ª semana de vida do feto que a genética define o sexo gonádico. Até essa data, todos os embriões são do sexo feminino. Durante a gestação, as mães precisam estar em equilíbrio hormonal para que o bebê nasça com órgãos genitais normais, ou seja, com sexo genital apropriado, correspondente ao seu sexo genético e gonádico. Uma mãe gestando um feto feminino e que por algum motivo ingira hormônios masculinos terá um recém-nascido com órgãos genitais alterados. Certas anomalias das gônadas geram crianças de sexo genital oposto. Um exemplo dessas anormalidades ocorre na *síndrome dos testículos feminilizantes*. A definição dos gêneros envolve vários determinantes.

Para as mulheres:
• possuir sexo genético XX (um par de cromossomos X);
• gônadas femininas (ovários);
• genitais correspondentes (vulva, clitóris, vagina);
• criação dentro de parâmetros de identidade femininos;
• maturidade hormonal e física feminina (sexo hormonal).

Os valores de gênero seguiriam então uma fórmula com valores correspondentes: Sexo Genético, Gonadal, Genital e de Criação feminino, ou XX, ou então, SGGGC XX.

Para os homens, a fórmula segue o mesmo parâmetro:

- possuem sexo genético XY (um cromossomo X e outro Y);
- gônadas masculinas (testículos);
- genitais correspondentes (pênis e bolsa escrotal);
- criação dentro de parâmetros de identidade masculinos;
- maturidade hormonal e física masculina (sexo hormonal).

Ou, seguindo a equação, SGGGC XY.

Se duas pessoas possuem todos os parâmetros iguais (sexo genético, gonádico, genital, de criação e hormonal) e se sentem erotizadas uma pela outra (dois homens ou duas mulheres), teremos um relacionamento isoerótico ou homoerótico. Este era chamado de relação homossexual. Porém é uma noção semanticamente errada. Homossexual significa que duas pessoas são do mesmo sexo, porém isso não implica atração ou erotização.

Existem múltiplas combinações de relacionamentos baseados no erotismo. Outro exemplo é SGGGC XX com parceira SGGGC XX, chamado antigamente de lesbianismo e atualmente de homoerotismo ou isoerotismo feminino.

Uma outra situação ocorre quando um indivíduo SGGGC XY (masculino) se relaciona eroticamente com outro SGGGC XY que usou hormônios femininos durante algum tempo para ter a aparência de uma mulher (comumente chamado de travesti). Nesse caso não foram os hormônios que determinaram a escolha sexual. Porém, a ação desses elementos no organismo, por meios artificiais, serviu para afirmar a escolha da sensualidade, motivada por fatores culturais, educacionais e outros que fogem ao escopo deste livro.

Se injetarmos hormônios femininos em um homem adulto, apesar das modificações orgânicas que iremos provocar em seu corpo — como o crescimento dos seios, queda de barba ou afinamento da voz —, não seria possível direcionar sua escolha e seu desejo.

Pode ocorrer a diminuição de sua libido, mas não a modificação de suas *escolhas* eróticas. Um exemplo claro disso ocorre em homens portadores de graves doenças do fígado. Em pacientes cirróticos crônicos ocorre um aumento de estrogênio, o que não determina um comportamento isoerótico.

Por sua vez, em uma mulher que por algum motivo ingira ou produza em excesso hormônios masculinos, podem acontecer modificações físicas ou até mesmo de comportamento sexual, tais como uma libido mais ativa, conquistadora. Porém, essas ações não são direcionadas necessariamente a outras mulheres, e sim às pessoas pelas quais ela já se erotizava anteriormente.

6

As Doenças Femininas e Suas Relações com os Hormônios

"Descontrolados e ignorados, os hormônios podem ser nossos inimigos fisiológicos. Reconhecidos e compreendidos em suas atividades, são nossos aliados, aos quais podemos influenciar em nosso benefício."
E. B.

A mulher sofre hoje uma maior sobrecarga existencial pelo acúmulo de papéis que a ela foram agregados. A revolução hormonal feminina, porém, não foi acompanhada por uma evolução masculina e social. A mulher não abandonou alguns papéis; ao contrário, assumiu e acumulou novas tarefas e, com isso, novas patologias.

Alguns desses espinhos como a síndrome ou tensão pré-menstrual, a fadiga crônica, a depressão pós-parto ou climatérica representam falhas da inteligência hormonal da mulher. Todas elas nos remetem para um problema mais angustiante, de difícil pesquisa e solução que é a ligação hormônios-mente-emoções-meio ambiente (profissão).

A meta comum deveria ser entender a existência feminina e sua bioquímica. A resposta humana aos hormônios é diferente dos ratos de laboratório. A vida *in vivo* não obedece
aos padrões hormonais *in vitro*. As doenças hormonais são
um desafio que extrapola as paredes dos laboratórios e consul-
tórios. Não serão os hormônios artificiais que transformarão a
fêmea em mulher, mas sim a inteligência hormonal.

Se por um lado o corpo humano feminino e sua fisiologia foram sendo moldados ao longo da história da humanidade, seu entendimento pelos médicos também teve fases e
características peculiares. Como no início da era judaico-
cristã a assistência à saúde era influenciada pela religião, o
modelo que se utilizava para entender a doença também era
místico.

Não se dissecavam cadáveres e o adoecer era interpreta-
do à luz da religião. Cometido um pecado, sobrevinha um
castigo divino, que devolvia o pecador ao reino dos céus. Os
genitais, por serem a sede dos desejos, também eram a sede
dos pecados. Durante milênios, a ciência médica colaborou
com a religião em muitos enganos.

Com o início das descrições da anatomia, passou-se a
correlacionar os sintomas com os órgãos. Após muitos estudos e principalmente com o advento do microscópio, os órgãos foram dissecados e, no início do século XX, chegou-se à
conclusão de que a doença era provocada por tecidos alterados. Um pouco mais de cartesianismo e os tecidos foram
dissecados em suas células.

Agora era a célula que adoecia o tecido, que por sua vez
contaminava o órgão e levava o sofredor à morte. Um pouco
mais de desenvolvimento nas técnicas de dissecação e cientistas determinaram que as células eram compostas por átomos, e átomos doentes influenciariam as células, que altera-

riam os tecidos, que adoeceriam o órgão e com isso o homem morria. Do pó viemos e para o pó retornaremos. Na metade do século passado os átomos foram dissecados em partículas. Com isso as estruturas atômicas foram encaradas como as responsáveis por todos os males. Elétrons em camadas ou órbitas alteradas geravam o mau funcionamento dos átomos, que modificavam as células e por aí vai. Recentemente descobriu-se que os elétrons têm *spins* (direção de rotação). Se corretas, ótimo; se fora do padrão, as partículas subatômicas adoecem o elétron, que adoece o átomo, e assim por diante.

Acredita-se que o pensar pode modificar a matéria e com isso nasce a psicossomática, união das interpretações *psi* às explicações cartesianas. Tudo acontece num determinado meio ambiente, portanto na medicina moderna todos os problemas são biopsicossociais.

O ambiente molda e influencia a saúde. O psíquico tem efeito sobre o organismo. Não há separação corpo-mente, mas somos um *corpomente* no meio em que vivemos.

O século XXI se inicia e a medicina se superespecializa. Cada médico é agora o senhor de uma área do corpo e acredita fielmente que tratando o órgão doente, sem levar em consideração os hábitos de vida, o paciente estará curado. Esse milagre, porém, não ocorre. O enfermo que sofre de uma úlcera no estômago, em decorrência de seu estresse ou angústia existencial, terá simplesmente retirado o órgão (gastrectomia). Mas poderá permanecer angustiado após a cirurgia, caso não haja uma terapia complementar à cirurgia. Conclusão: o centro da doença nem sempre é o órgão afetado, e sim o tipo de vida de cada indivíduo.

O mundo se globaliza, a ciência volta a tentar ser holística. Sabe-se que o pensar interfere na energia quântica do ser humano que, apesar de medicado com os mais recentes fármacos e operado pelas mais modernas técnicas de tele-cirurgia, pode continuar atribulado existencialmente e doente em nível molecular. Nem tudo são doenças orgânicas e tampouco existe uma explicação psicológica para todos os fenômenos. Pensar globalmente e agir localmente, se necessário, passa a ser a regra para a boa prática médica. Enfermidades são alterações globais no corpo, mente e existência. Doenças são as representações orgânicas dessas enfermidades. Estaria a feminilidade enferma?

Mesmo nestes tempos de psicossomática, ressonância magnética e tomografias computadorizadas, psicofármacos, cirurgias e engenharia genética, ainda sabemos pouco sobre o motivo por que uma mulher fica irritadíssima pelo simples fato de sentir que irá menstruar nos próximos dias e, com isso, desencadear uma crise hormonal. Seria possível uma doença não ter sede em nenhum sítio do organismo ou da mente, mas sim na própria forma de existir como homem e mulher? Seria possível a feminilidade transtornada ou frustrada ser um importante fator causador de doenças?

Durante a existência da humanidade, o aparecimento de novas doenças e o desaparecimento de outras dependeram das circunstâncias sociais, ecológicas e políticas de cada comunidade.

Por sua vez, todo sistema médico, inclusive a medicina moderna, é produto de sua história e existe em um contexto cultural e ambiental. Ele será influenciado por tendências econômicas, políticas e filosóficas. Portanto, será sempre único e singular em um determinado momento e contexto. E obedece a um paradigma, uma visão que forma a base do modo como uma sociedade se organiza.

O capitalismo, cada vez mais selvagem, exige de seus participantes maior agressividade, muito além do que a estrutura física e psicológica foi projetada para arcar, cada vez mais competitividade, para vencer, vencer, vencer e vencer. A conseqüência está sendo uma liberação, além do necessário, de adrenalina e outros elementos estimulantes no organismo, alterando o QH, gerando muito estresse, e ao mesmo tempo aumentando a incidência, dia a dia, de depressão clínica.

Especificamente nas mulheres, toda essa situação interfere diretamente em seus hormônios, que em vez de comporem e tocarem uma sinfonia, executam uma desarmoniosa batucada. O sistema hormonal feminino funciona em ciclos. E manter ciclos regulares em uma vida estressada é impossível.

Assim, a evolução feminina, influenciada por seus hormônios, tem trilhado descaminhos que criaram algumas composições arrítmicas.

Tensão Pré-menstrual

Em 1931, o pesquisador e médico norte-americano Robert Frank publica em uma revista de neurologia e psiquiatria o primeiro trabalho relatando que algumas mulheres se sentem muito mal no período anterior a sua menstruação. Nessa época, esse desconforto foi considerado uma doença, a qual recebeu o nome de *tensão pré-menstrual (TPM)*. Desde então, o número de artigos sobre essa nova "doença feminina" multiplicou-se. Foi definida como a ocorrência de sintomas físicos, psicológicos e comportamentais durante a fase luteal do ciclo, interferindo no cotidiano.

A TPM caracteriza-se por apresentar um conjunto de sintomas que podem ser físicos, psíquicos e/ou comportamentais, que acometem as mulheres em sua fase de vida reprodutiva, exclusivamente nos dias que antecedem sua menstruação. Com a vinda do fluxo, melhoram ou desaparecem. Como não é uma doença que acomete algum órgão específico, ela não é detectável por exames laboratoriais ou outros. Desde sua descrição, já foram relatados 150 sintomas. São conhecidos e descritos quatro tipos principais de TPM:

- Tipo A (ansiedade) — predominância de sintomas ansiosos, como pressa, agitação, instabilidade de humor e agressividade.
- Tipo C (compulsão por comida) — predominância da compulsão alimentar irresistível, em especial, por doces, principalmente o chocolate.
- Tipo D (depressão) — predominância de sintomas depressivos nos 15 dias que antecedem a menstruação.
- Tipo H (hídrico) — ocorrência de inchaço nos seios (deixando as mamas extremamente doloridas), distúrbio do sistema nervoso central causando dores de cabeça e musculares.

Atualmente, na sociedade como um todo, a força de trabalho feminina no Brasil atinge aproximadamente 60%, superando assim a masculina. Estima-se que 85% das mulheres apresentam algum sintoma pré-menstrual em alguma época de sua vida. Desse grupo, de 30% a 40% procuram ajuda médica:

18 a 20 anos	11%
21 a 30 anos	55%
31 a 40 anos	35%

Com relação às inteligências descritas em nosso livro, na TPM temos o seguinte quadro de variação das QI, QE e QH:

Tipo de TPM	QI	QE	QH
A	> lógica > velocidade de raciocínio > ganho racional	Predomina a ansiedade	Estrógeno discíclico
D	Irracionalidade Lentidão de fluxo de pensamentos < memória	Predomina a depressão	Progesterona discíclica
C	< razão > atenção para doces	Compulsão alimentar	Ambos discíclicos
H	Normal	Normal	Predominância progesterônica

Assim como em outros sistemas orgânicos, a TPM pode representar um aviso de alerta à mulher que não engravida há anos, vive em um sistema urbano tenso, competitivo, masculino.

A TPM é uma doença que obedece a um padrão psicossomático, é global, totalitária, não tem sede em um órgão específico e apresenta um perfil caótico.

Em função disso, não há uma cura única — ou um comprimido mágico — que funcione para todas as mulheres. Mas é possível medicar os sintomas. A homeopatia e a alopatia já dispõem de fórmulas eficientes para minimizar os inchaços, as dores localizadas, a ansiedade e a depressão. Dietas alimentares com menos sal (que retêm os líquidos), menos bebidas excitantes como café e bebidas à base de colas produzem efeitos positivos. As cólicas, presentes durante a menstruação, também são passíveis de tratamento, desde que se avalie sua origem.

E existem mulheres que se sentem muito bem durante "esses dias". Para elas, o sangramento mensal é uma reafirmação da feminilidade e sinal de sua boa saúde.

Endometriose

Durante a vida fértil da mulher, a camada que recobre internamente o útero, chamada de endométrio, sofre alteração na sua espessura, na circulação sangüínea e, por fim, descama — a menstruação —, reiniciando o processo. Entende-se por endometriose a presença de tecido com características semelhantes ao endométrio fora do seu hábitat natural, a cavidade do útero. Os locais mais freqüentes de serem acometidos por essa doença são os ovários, com a formação de cistos, o peritôneo, tecido que reveste o interior do abdome e seus órgãos, e os ligamentos uterinos, estruturas que ajudam a "sustentar" o útero no interior da bacia. As causas que propiciam o desenvolvimento da endometriose ainda não foram completamente elucidadas. As teorias envolvem fatores imunológicos, embriológicos e relacionados ao próprio fluxo menstrual. Estima-se que quatro em mil mulheres sofram com a doença. Porém, como o quadro clínico é variável, podendo não apresentar sintomas em muitos casos, esses números provavelmente são subestimados.

A endometriose tanto pode ser totalmente silenciosa e sem complicações como altamente complexa. As queixas mais importantes vão de leves incômodos a dores fortes na região da pelve. Da mesma forma que ocorre o sangramento uterino cíclico normal vaginal, o tecido endometrial ectópico responde aos estímulos cíclicos hormonais, mesmo quando presente em outros locais. Resumindo, ocorrem pequenos sangramentos no ovário ou no peritôneo.

Essa hemorragia na cavidade abdominal (pelve) provoca irritação, podendo ocasionar dor durante a menstruação ou a relação sexual. Dias depois, esse sangue é absorvido pelo organismo, mas pode deixar cicatrizes, as chamadas aderências.

Esse distúrbio acompanha cerca de 40% das pacientes com infertilidade. Outra queixa freqüente das pacientes são os "escapes" e sangramentos abundantes — ou seja, pequenas perdas de sangue — fora do período menstrual. Uma das formas de tratamento é através da terapia hormonal. Existem medicamentos variáveis em suas fórmulas e modos de utilização. Apesar de apresentarem maneiras distintas de ação, são baseados na ciclicidade menstrual, não havendo assim os "sangramentos" que causam dores. Seguindo a mesma linha de raciocínio, a gravidez também é uma forma de tratamento, visto que não há fluxo menstrual por um longo período, levando a uma atrofia dos focos de endometriose.

Outro tratamento pode ser cirúrgico — principalmente a laparoscopia, na qual se pode visualizar os focos para confirmação do diagnóstico, desfazer as aderências, cauterizar focos de endometriose e retirar cistos ovarianos secundários.

Depressão Pós-parto

Essa depressão caracteriza-se por uma intensa crise feminina nos momentos e dias que se seguem ao nascimento de uma criança, desejada ou não.

O comportamento paradoxal da mulher independe das circunstâncias em que ocorreu o parto, se a criança está bem, se a gestação foi boa, se o futuro será brilhante ou não. Simplesmente, ocorre um vazio profundo e injustificado, inexplicável e trágico.

Pode iniciar como uma simples sombra que atrapalha a vivência da maternidade, mas não impede que a mãe amamente ou pense em abrir mão de seu papel maternal. A esse estado simplesmente nostálgico chamamos de "*blues* puerperal".

Mais profundamente, pode caracterizar-se por uma nuvem temporária de tristeza que envolve a mãe, com preferência pelo horário do crepúsculo. Choro imotivado, carência afetiva, sensação de tristeza, dificuldade de racionalizar e entender a si mesma e aos outros, principalmente o marido e a mãe. Assim como vem, vai, sem explicação e sem conseqüências. É chamada, então, de depressão puerperal pelo seu conteúdo de tristeza em um momento de felicidade.

Finalmente, pode ser descrita como um furacão que varre a existência da puérpera, chegando a ameaçar a sua própria vida e a do bebê. Se não for tratada pronta e adequadamente, pode ser uma tragédia no momento de uma festividade. Nessa situação, chamada de psicose puerperal, QI e QE inexistem.

TIPO	QI	QE	QH
Leve *blues* puerperal	Inalterado	Sombras Sensibilidade Desmotivação Nostalgia	Pequena disciclicidade
Moderada depressão puerperal	Difícil racionalização	Nuvens negras sobre todas as coisas Hipersensibilidade Desmotivação temporária Choro imotivado	Aciclicidade/ disciclicidade
Grave psicose puerperal	Irracionalidade	Furacão Ódio à criança ou ao marido Motivação para más condutas	Hiperciclicidade

A Sexualidade do Casal com Dificuldades Reprodutivas e Seus Hormônios

O que torna possível uma verdadeira família não é a maneira pela qual ela se constituiu, mas o amor, o respeito e a alegria pela vinda do outro.

Um dos dilemas que os feminólogos (médicos dedicados aos cuidados com a feminilidade, além do corpo da mulher) enfrentam em nossos tempos é o da sexualidade dos casais que necessitam do auxílio da reprodução assistida (RA) para formarem suas famílias.

Se por um lado a sociedade contemporânea foi beneficiada enormemente com o desenvolvimento de técnicas que vencem uma limitação imposta pela natureza, os casais que usufruem esse benefício muitas vezes têm uma certa dificuldade em lidar com a sexualidade que não resultou em fecundação natural. É neste sentido que pretendemos delinear as características dessa sombra que paira em quem será beneficiado pela RA e como seu psiquismo será influenciado por seus hormônios naturais e, posteriormente, medicamentosos.

Quando o Sexo Não Reproduz mas a Ciência e a Vida Oferecem um Filho

Graças a um grande número de descobertas, a ciência já pode oferecer uma alternativa quando tudo não ocorre com a devida fisiologia. Para os casais que não se rendem aos limites da natureza, o processo de RA transforma o sonho/ impulso de ter filhos em realidade. Porém, como fica a sexualidade quando a reprodução não se faz através dela? Segundo nossa observação, o casal atravessa cinco fases:

Fase 1 — Inconsciência: A sexualidade é desejada, mas a reprodução é indesejada. Nessa fase, o sexo é um grande prazer, mas a reprodução é sinônimo de problemas. Nesse período, o casal procura uma esterilidade artificial, através de vários métodos contraceptivos. A falha do método de anticoncepção é uma tragédia para a sexualidade. Os hormônios e seus instintos devem ser abolidos.

Fase 2 — Desconfiança: Há vida sexual, porém a anticoncepção é negligenciada e a reprodução, se ocorrer, será bem aceita. Nessa fase, o sexo continua sendo um grande prazer e até a possibilidade de gravidez torna-se um "perigo" desejado, que aumenta ainda mais a emoção da intimidade. Os hormônios são reconhecidos como aliados e podem tornar-se o tempero do sexo. Transar no dia fértil é gostoso, arriscado e emocionante.

Fase 3 — Teste: É nessa fase que se inicia a consciência de que o sexo é para a reprodução. A gravidez é desejada ou mesmo um dever, e o sexo, ainda que um prazer, deixa de ser só gostoso, passando a ser útil. Ama-se para reproduzir-se. A possibilidade de uma esterilidade é bastante remota, apesar das cobranças externas. Essas cobranças agem no inconsciente do casal de tal forma que eles passam na fase final do teste a ter o dever de ter "relações" nos dias férteis, independentemente do desejo.

Fase 4 — Obsessão: Essa fase antecede a procura por ajuda do médico ginecólogo ou urólogo, especialista em esterilidade.

Além da "relação" sexual ser um dever, a reprodução passa a ser uma obsessão. A maneira de fazer amor é ditada por "ensinamentos leigos ou médicos" e, além de ocorrer nas datas férteis, o sexo acontece com a finalidade obsessiva da reprodução. Cada menstruação é vivenciada como uma tragédia e os hormônios passam a ser os inimigos, os vilões ocultos, responsáveis pelo desejo, pela fisiologia, e são cúmplices das decepções.

Fase 5 — Desespero: Geralmente o casal está sob a assistência de uma equipe de esterilidade e a reprodução será através de uma técnica medicalizada. A sexualidade é tolerada, mas só com finalidade prazerosa e passa por sentimentos complexos oriundos de interferências do processo de tratamento. O casal discute mais os resultados dos atos médicos do que seus próprios desejos. Somente quando a reprodução é alcançada, se voltam para seus corpos, sensações e sentimentos.

Controle da Natalidade Através dos Hormônios

As pílulas anticoncepcionais ou anticoncepcionais hormonais orais começaram a ser estudadas em 1926, mas somente vieram a ser comercializadas em 1960.

Atualmente essa é uma das categorias de medicamentos mais estudadas e utilizadas em todo o mundo, apesar dos preconceitos religiosos e mitos em torno dela. As pílulas são compostas de dois tipos de hormônios: o estrogênio e a progesterona, utilizados isoladamente ou em conjunto. Desde o início dos estudos, as pílulas foram formuladas com várias combinações de compostos e doses. Conseguiu-se manter o efeito anticoncepcional com quantidades cada vez menores de hormô-

147

nios, principalmente os estrogênios, diminuindo, assim, os efeitos adversos da medicação. Sem dúvida, esse foi um dos maiores desenvolvimentos para essa classe de fármacos. E como funcionam? O sistema gerenciador do nosso organismo é composto de estímulos elétricos e químicos, os hormônios. Relacionadas ao ciclo reprodutivo feminino, temos três glândulas principais, as chamadas fábricas de hormônios.

O Hipotálamo, a Hipófise e os Ovários e a Anticoncepção Hormonal

As duas primeiras localizam-se no cérebro e os ovários, na pelve. No hipotálamo é produzida uma substância chamada GNRH, que funciona como um desencadeador da formação do restante dos hormônios. Após a sua fabricação, ela é conduzida até a hipófise através de um eixo neurovascular, onde estimulará a criação de outros dois hormônios, o FSH e LH. São eles que agem nos ovários, provocando a ciclicidade da menstruação e do fenômeno ovulatório. Em cada período do ciclo menstrual temos a predominância de um destes hormônios.

Assim, antes da ovulação, os níveis mais elevados são os de FSH, aumentando os estrogênios e, após a evolução, o LH, aumentando a progesterona. Durante a ovulação, ocorre um "pico" destes hormônios.

Conforme citamos anteriormente, as pílulas contêm combinações de estrógeno e progesterona. Quando a paciente utiliza estes hormônios exógenos (pílulas), o organismo uniformiza, ou seja, não cria picos de FSH e LH, levando, assim, a uma série de eventos, sendo um deles, a não-ovulação.

Essa alteração na produção dos hormônios pode acarretar a não-menstruação e não-ovulação após a suspensão do medicamento. O quadro é reversível, podendo acontecer já no primeiro ciclo ou até alguns meses após a suspensão do fármaco.

Outra forma de ação das pílulas é sobre o muco cervical, uma espécie de "geléia" que preenche o canal do colo do útero. Durante o período ovulatório, a maioria das mulheres percebe uma maior umidade vaginal, decorrente da maior fluidez do muco cervical, que facilita a captação e ascensão dos espermatozóides para o corpo do útero e também os alimenta nesse trajeto. Na época infértil do ciclo, ou seja, distante da ovulação, o muco torna-se espesso e hostil aos espermatozóides em função da progesterona. Este fato é utilizado pelos hormônios da pílula, tornando o muco hostil o mês todo.

Também as tubas uterinas e o endométrio — pele que recobre internamente o útero — sofrem a ação dos hormônios. Nas tubas há uma alteração da mobilidade e permeabilidade, dificultando a fecundação. No endométrio, acontece uma menor formação de reserva energética, dificultando a permanência do saco gestacional.

Sabe-se que a maioria das usuárias desse tipo de anticoncepcional são mulheres jovens e sadias, não havendo, portanto, restrições ao seu uso. Porém, há uma série de contra-indicações a essa classe de medicamentos, a exemplo de qualquer outro. As absolutas são aquelas em que o uso é sistematicamente vetado ou proibido, e foram catalogadas pelo FDA (Food and Drug Administration), órgão americano controlador das medicações naquele país.

Correspondem às mulheres com antecedentes de:

1) câncer dependente de hormônios ou suspeita dele, principalmente de mama e endométrio;

2) antecedentes ou presença de doença trombembólica ou flebite — presença de inflamação ou formação de coágulos nos vasos sangüíneos;
3) sangramento uterino de causa desconhecida;
4) gravidez confirmada ou suspeita;
5) doença coronariana, cérebro-vascular ou ocular.

Outros estudiosos adicionaram a esta lista as seguintes situações:

1) hipertensão arterial de difícil controle;
2) diabetes dependente de insulina não-controlada ou em estágio avançado;
3) diabética ou fumante acima de 35 anos;
4) mulher com idade superior a 50 anos;
5) doenças hepáticas agudas ou crônicas;
6) lúpus eritematoso sistêmico;
7) hipercolesterolenemia (colesterol elevado);
8) anemia calciforme;
9) cardiopatias.

Existem ainda as chamadas contra-indicações relativas, nas quais o médico, juntamente com a paciente, avalia o risco e o benefício do uso da medicação. Efeitos colaterais como inchaços, dores de cabeça e irritação são mais freqüentes em mulheres que integram ou apresentam as seguintes características:

1) saber de risco para trombembelismo, obesidade, varizes;
2) doenças da vesícula biliar e icterícia;
3) cefaléia (dor de cabeça);
4) epilepsia;

5) psicoses e neuroses graves;
6) hipertensão arterial leve ou moderada;
7) herpes genital;
8) insuficiência renal e cardíaca;
9) otosclerose (doença auditiva);
10) hiperprolactina (nível elevado de prolactina);
11) diabetes leve ou moderada;
12) uso de medicações que influenciam ou são influenciadas pela pílula;
13) imobilização prolongada;
14) preparação pré-operatória.

A maioria das mulheres não se enquadra nessa lista e pode fazer uso da pílula após a devida avaliação médica. Sem dúvida, a anticoncepção hormonal oral é um método seguro e eficaz quando bem orientado.

O Câncer do Colo do Útero e a Utilização de Produtos Hormonais

É a doença maligna que atinge cada vez a um maior número de mulheres em nosso meio. Apesar de poder ser evitada ou diagnosticada precocemente através dos chamados exames ginecológicos de rotina, sabe-se que o grande fator de risco para o desenvolvimento do câncer de colo é a infecção pelo vírus denominado papiloma vírus humano, o HPV. Conhecemos hoje mais de 80 tipos diferentes de HPV, porém somente entre 10 e 15 estão relacionados com a doença.

A contaminação pelo HPV é mais freqüente pelo contato sexual, porém não exclusivamente. Não se deve fazer alarde, classificando a mulher que teve ou tem infecção de HPV como portadora de câncer do colo do útero, pois é uma minoria dos tipos de vírus que propicia a doença. Mesmo assim, há apenas 20% de chances de a doença evoluir de forma desfavorável quando a mulher é infectada por esses "vírus mais agressivos". Há, sim, a necessidade de tratamento e acompanhamento médico adequados.

Não há consenso sobre a influência dos hormônios femininos (estrógenos e progesterona) sobre o câncer de colo uterino. A maior parte dos autores não considera indispensável a presença desses hormônios na ocorrência da patologia, porém muitos admitem que haja melhores condições para o desenvolvimento na presença dos mesmos. Fatos que reforçam essa teoria são os freqüentes diagnósticos em mulheres na idade fértil, gestantes e usuárias de anticoncepcionais hormonais, principalmente por período superior a cinco anos.

O uso de hormônios femininos, seja como anticoncepcionais ou como reposição hormonal, deve ser criteriosamente individualizado. Ponderar a "gravidade da infecção", os benefícios dos hormônios e aguardar um consenso dos pesquisadores ainda parece ser a melhor conduta.

Menopausa e Maternidade Tardia

O fato é que, apesar da vida intelectual e emocional da mulher estar prolongando-se junto com uma maior expectativa de vida, seu aparelho reprodutor está permanecendo "útil" pela mesma quantidade de tempo que ocorria com suas antepassadas de dois séculos atrás, ou seja, dos 13 aos 40 anos.

A explicação parece ser mais facilmente encontrada quando comparamos a "crueldade" dos fatos reprodutivos nos animais e nos humanos. Entre os animais, assim que nascem, aqueles que devem aprender a voar, voam; aqueles que devem ficar sobre duas ou quatro patas, ficam; quem deve nadar, nada; enfim, todos cuidam da sobrevivência, sendo o desligamento dos pais imediato. Por exemplo, um bebê chimpanzé, assim que é desmamado, começa a recolher sua própria comida e com suas mãos, apesar de a mãe acompanhá-lo durante algum tempo.

No entanto, a criança humana depende de seus pais por um tempo extraordinariamente longo, mais do que qualquer outro animal. A maternagem humana (cuidar da prole) é um processo mais demorado do que a vida hormonal. A independência ocorre, no mínimo, após 18 anos. A natureza "sabe" que um jovem órfão tem muita dificuldade para sobreviver, por isso esteriliza precocemente apenas a mulher e não o homem, mesmo porque este, em novo casamento, tentará perpetuar-se com novos filhos.

Nas sociedades anteriores ao aparecimento da escrita, era dada uma grande importância à mulher menopausada, pois ela seria avó e com sua sabedoria ajudaria a cuidar dos netos. Isso significava que ela continuaria a usar suas capacidades intelectuais e emocionais (QI e QE) para o bom desempenho dessa tarefa.

A partir do advento da escrita, do rádio, da televisão e, atualmente, do computador, a mente dos idosos deixou de ser um reservatório de informações e experiências. Eles não são mais procurados para as tarefas que exigem sabedoria e orientação. O que era da mente passou a ser dos livros, filmes e chips.

Se um jovem leva 25 anos para se tornar independente, a natureza "conspirava" para que a mulher tivesse filhos ainda jovem. A vida reprodutiva da mulher (mecname) ia até os

35 anos, em média. Hoje, no mundo ocidental, uma mulher de 35 anos está no auge de sua vida e é nessa fase que se propõe ter filhos. Entre a biologia e a sociedade ocidental há uma discronicidade.

A Crueldade Hormonal

Até 1900, a maioria das mulheres morria próximo da menopausa, última menstruação, portanto essa fase nunca foi tão conhecida como neste século. Esse fato mostrou como seria uma mulher com deficiência dos hormônios estrogênio e progesterona, pois a expectativa de vida passou a ser de 75 anos.

A partir da última década, passamos a entender que o estrogênio não apenas influencia os tecidos reprodutivos clássicos (vagina, útero, mamas, hipófise e hipotálamo), mas afeta também funções como o metabolismo ósseo, cardiovascular e digestivo, e ainda a memória, as cognições, os ritmos biológicos e as emoções.

Enquanto a mulher é jovem, a fonte desses hormônios é o ovário, dentro do ciclo de maturação mensal dos óvulos para que ocorra a reprodução. Após os 65 anos, porém, o ovário não mais possui folículos, deixando de ser sede da síntese de hormônios primários. Na natureza, a maioria dos animais selvagens continua fértil até a morte. Nos seres humanos a fertilidade cai a partir dos 40 anos. No decorrer da vida, a mulher gasta seus óvulos, que são predeterminados ao nascer, e não são repostos ao longo dos anos. A cada ciclo um óvulo é perdido. Ao final de 40 anos, os que restam respondem mal aos hormônios que os estimulariam.

Se na sociedade tradicional as avós menopáusicas atuavam como babás dos netos, neste século as jovens avós executivas não cumprirão esse papel sem uma séria crise de identidade. Embora gostassem muito de cuidar de seus netos, os impedimentos profissionais entram em conflito com essa perspectiva. Com isso, surge outro aspecto cruel de nossa sociedade. O instinto de maternagem, conferido pelos hormônios, nem sempre encontra oportunidade de ser exercido diante dos compromissos profissionais.

Na sociedade competitiva contemporânea, os hormônios passaram a ser subordinados aos interesses sociais. Fato compreensível, porém extremamente difícil de ser vivenciado pela mulher.

Outro aspecto dessa faceta é que os hormônios encontram-se a serviço da redução da prole pelo simples fato de que é necessário haver um controle da natalidade. Estima-se que o planeta teria capacidade de suportar de 1,5 bilhão a 1 trilhão de seres humanos.

A QH vem contribuindo consideravelmente para a melhoria do padrão de vida, influenciando a QI e a QE. A concessão feita pelo mundo ocidental logicamente tem várias outras influências, mas esta evidência é muito clara. Em breve, fatores ambientais terão muito mais importância que a própria genética. A maternagem de poucos filhos poderá ser por um período mais prolongado, caso a mãe os tenha mais cedo em sua vida e suas condições ambientais sejam mais favoráveis.

Se por um lado a crescente diminuição da fertilidade está associada à população rica do planeta e ao consumo de pílulas anticoncepcionais, na população pobre observa-se um aumento das taxas de esterilidade, porém causado por outros fatores. A endometriose, os distúrbios hormonais e os abortos espontâneos estão funcionando como um "contraceptivo" inconsciente, como se fossem uma forma de controlar a superpopulação. Se não usarmos a QI e QE, possivelmente a QH estará sendo utilizada. Uma metanálise de 1992, publicada no *British Medical Journal* pelo professor dinamarquês Niels Skakkebaek, mostrou que a contagem de esperma vem diminuindo ao longo dos anos. Apesar de este fato poder ser atribuído à poluição, irradiação ou hábitos da vida moderna, o certo é que está acontecendo. Nesse estudo, a contagem de esperma em 1940 era de 113 milhões/ml, sendo de apenas 66 milhões/ml em 1990. Por outro lado, fatores como estresse, problemas socioeconômicos e privação emocional são responsáveis pela diminuição da fertilidade feminina.

A Hostilidade Hormonal

As crises hormonais são mais tóxicas para a mulher do que o colesterol, o cigarro ou o álcool. Desconhecer seus hormônios é conviver com um estranho veneno dentro de si. Reconhecer esses elementos equivale a crescer como mulher. Distúrbios provocados por doenças femininas como cistos de ovários, cirurgias em glândulas como tireóide, hipófise são crises de fundo químico, porém perceptíveis no comportamento.

Situações importantes de alteração da QH:

1) adolescentes com tensão pré-menstrual com baixo rendimento escolar;
2) casais em situação de esterilidade por problemas hormonais como a síndrome dos ovários policísticos, falência ovariana precoce ou endometriose;

3) executivas com queda de rendimento profissional causada por tensão pré-menstrual, síndrome da fadiga crônica ou depressão pós-parto;
4) mulheres realizadas até a chegada do climatério com depressão de fundo hormonal;
5) cirurgias mutiladoras de tumores como miomas.

Transição Menopausal

Aos 44 anos, A.G.F. acreditava que sua capacidade de criar polêmica era seu maior predicado. E sem dúvida era uma mulher moderna, sem freios nas palavras e que vencera muitos desafios. Dois casamentos, três filhos, carreira universitária, nada fora obstáculo para ela. Em toda a sua adolescência nunca passara por uma fase comum. De gostos extravagantes, vivacidade e principalmente bom humor, sempre fora líder.

Mas agora vivenciava sua maior crise, visto que a menstruação como que por encanto desaparecera. Logicamente a primeira dúvida era gravidez ou não, já que vinha se distraindo a respeito das datas dos ciclos. E o pior: fora assaltada recentemente e os ladrões levaram sua agenda, com ela o calendário menstrual e, o que era mais grave, as anotações de quantos dias eram seus períodos no último ano. A hipótese de uma nova gravidez a deixava tão aterrorizada quanto o cano frio do revólver que lhe encostaram na nuca durante o assalto.

Um exame de sangue revelou que ela não estava grávida e permaneceu a dúvida: por que não menstruava? É certo que não era a primeira vez, mas nas outras sempre havia um motivo. Viagens aéreas, crises no primeiro casamento, planos Cruzado, Collor, Real e outros mais que ocorrem no Brasil e lhe alteravam o ciclo menstrual. Mas eram em outra idade. Agora poderia ser a menopausa. Precoce ou não?

Não que tivesse medo da menopausa, muito pelo contrário, achava que essas crises só existiam para justificar fraquezas femininas, que ela não tinha. Mas se não era menopausa, o que seria então? Alguma doença ginecológica? Negligenciara muito suas visitas ao médico ultimamente. Não lhe sobrava tempo, nem lhe faltavam justificativas para desmarcar consultas, jamais remarcadas.

Se fosse um cisto no ovário, deveria estar com a barriga maior. Mas vinha emagrecendo ultimamente. Seis quilos em três meses, graças a um regimezinho em preparação para o verão que se aproximava. Sentia-se muito bem, não fosse a queda de cabelos. Notara que estavam muito fracos quando fora fazer uma visita ao seu centro de estética para uma limpeza da pele, que andava péssima nos últimos meses. E também sentia muita dor nas mamas, não só porque elas haviam crescido, mas porque haviam se tornado mais cheias de nódulos e pesadas. Tanto que tivera que trocar de sutiã. Para dois números maiores. Que ironia! Tantas amigas colocando silicone e ela tendo que comprar sutiãs maiores sem gastar numa cirurgia plástica. Tinha muita sorte mesmo.

Se bem que nem o aumento dos seios haviam melhorado sua libido, que ultimamente tinha índices tão baixos e falsos como a inflação brasileira. Nunca tivera que fingir tanto ao segundo marido para corresponder à sua alta *performance*. Maldita a hora que lhe comprara a edição de ouro do *Kama Sutra* ilustrada de presente de aniversário de 38 anos.

Marido mais jovem que a mulher precisava de orientação, pensara ao comprar-lhe o livro. Bastava ela chegar em casa, mesmo que estivesse acabada de tanto trabalhar, era obrigada a participar com ele da última lição semanal de como transar na posição de Vasanarana (plantar uma bananeira e ser penetrada enquanto entoa um mantra específico para essa posição).

Para piorar, seu marcador do período fértil, o aparecimento da "clara de ovo" como secreção vaginal no 14º dia do ciclo menstrual, desaparecera e ela não tinha nenhuma lubrificação vaginal.

Tinha era ondas de calor, isso sim. E que ondas de calor! Sempre nas horas mais indesejadas. No calor da polêmica de uma reunião, sentia aquela bola de fogo lhe subindo pelo corpo. Meu Deus, e se ela estivesse doente ou na menopausa?

Os Novos Caminhos para a Terapia de Reposição Hormonal na Menopausa

Esse período da vida das mulheres deveria ser absolutamente fisiológico, normal, inclusive hormonalmente. Porém, não é isso que acontece com cerca de 30% da população feminina, que passa a ter necessidade de fazer terapia de reposição. A medicina dos últimos 30 anos vem tentando equacionar esse problema através de produtos farmacológicos pesquisados em várias fontes. As primeiras formas de suplementar os hormônios criaram mitos que transformaram o tratamento num verdadeiro campo minado.

Os efeitos colaterais que algumas mulheres manifestaram, tais como aumento de peso, alteração da pressão arterial, crescimento de miomas, além do risco de um câncer de mama, criaram um temor ou aversão coletivos ao seu uso até que novos produtos sem tantos efeitos colaterais fossem desenvolvidos.

Esse temor inconsciente dos efeitos colaterais fez com que o uso medicamentoso dos hormônios ganhasse um lugar de destaque na mídia. São tão comuns opiniões contra e também favoráveis à terapia de reposição hormonal quanto palpites a respeito da política ou do futebol. Mesmo sem conhecimento científico, muitos opinam, tornando o momento uma ensurdecedora poluição sonora sobre o assunto.

Para não cairmos nessa vala comum, vamos focalizar as alternativas oferecidas a quem tem uma real necessidade de reposição e não deseja uma terapia de imposição hormonal. Sempre é saudável analisar todas as possibilidades.

Como vimos, na natureza, o estro ocorre em todas as formas de vida. Bactérias, plantas, animais e seres humanos podem ser estro (feminino) ou andro (masculino) influenciados, embora os homens e as mulheres partilhem ambos. Para a real inteligência hormonal, no entanto, o que importa é o equilíbrio hormonal. A revista *Nature* (vol. 300, pág. 310, dez. 97) apresenta uma reportagem mostrando que ratos machos transgênicos com ausência de receptores estrogênicos em seus testículos eram inférteis. Isso porque os estrogênios produzem nos testículos uma reabsorção de fluidos nas áreas de fabricação do esperma. Sem essa absorção, há um acúmulo de líquidos bloqueando a passagem do esperma e impedindo a maturação.

Os estrogênios, porém, têm outras funções vitais para o homem. Caso não haja produção deste hormônio pelos tecidos masculinos, os ossos continuariam a crescer na idade adulta, resultando em uma altura anormal. Além disso, os estrogênios estão ligados à expressão e ao desenvolvimento do comportamento receptivo ao acasalamento nos machos.

Se para os homens é importante ter níveis hormonais femininos baixos e masculinos altos, pode-se especular que as mulheres também devem possuir androgênios, mesmo que em níveis baixíssimos. O importante é que na mulher os androgênios tenham ciclicidade. Devem subir levemente no período da ovulação (meio do ciclo) e, também, após a menopausa, aumentando-lhes o bem-estar (humor) e o desejo sexual.

A esse equilíbrio e complementação podemos associar a história da evolução humana e a re-evolução hormonal deste século. O maior entendimento da natureza no nível molecular pode gerar conseqüências práticas inquestionáveis.

Há alguns anos, cientistas de mente aberta passaram a pesquisar moléculas biologicamente importantes sob a perspectiva de uma reposição hormonal humana mais fisiológica, ou natural. O trabalho envolveu campos diferentes da ciência como a antropologia molecular, com a participação de paleontropólogos, a medicina com ginecólogos, a engenharia genética, a agricultura e os ecologistas. Essa pesquisa ainda encontra-se no estágio inicial. Alguns infortúnios ocorridos com a utilização de hormônios foram catastróficos, como por exemplo no caso do hormônio do crescimento, útil para tratar retardo de crescimento (nanismo). Até dez anos atrás, esse hormônio era obtido a partir de cérebros de cadáveres humanos, pois o material de origem animal não era eficaz. Algumas pessoas tratadas com essa substância desenvolveram uma forma mortal de encefalite. Descobriu-se que a doença era causada por agentes infecciosos conhecidos como prions, que contaminavam os estratos pituários humanos. Hoje esse fato não mais ocorre, pois se produz sinteticamente o hormônio do crescimento, tão ativo quanto o natural, e sem riscos.

Com o desenvolvimento da biotecnologia, os pesquisadores estão avaliando outras possibilidades. No caso da terapia de reposição hormonal feminina, um grande avanço foi conquistado através dos isoflavonas da soja, os primeiros fitoestrogenos (estrogênios derivados das plantas).

O interesse pelos fitoestrogenos surgiu com a observação de que nas mulheres asiáticas ocorria um menor índice de mortalidade por problemas cardíacos e câncer de mama e útero, quando comparadas às mulheres americanas. Além de sofrerem menos dessas doenças, as asiáticas tinham um climatério assintomático. As dosagens dos fitoestrogenos na urina dessas mulheres mostravam que elas ingeriam esses hormônios através da alimentação. Além desse fato, por uma questão de espaço geográfico ou cultural, não tomavam o leite de vaca na forma natural ou industrializada. O que as orientais ingeriam comumente em sua dieta era basicamente a soja, incluindo o leite.

Os Fitoestrogenos em Ação

Ao que parece, os fitoestrogenos têm a habilidade natural de ocupar os receptores estrogênios no organismo da mulher graças à sua similaridade com as moléculas dos estrogênios naturais. Dois deles, o isoflovonóide e a genisteína, competem com o estrogênio 17 betaestradiol em suas ações. Porém, seus efeitos moleculares ainda não são totalmente conhecidos. Sabe-se que aumentam a excreção de sais biliares, o que melhoraria o processo digestivo, e, como conseqüência, promovem a remoção do colesterol, reduzindo as taxas do LDL, considerado um mau colesterol. Ainda aumentam a secreção de hormônios de várias glândulas, como a tireóide e o pâncreas.

Os hormônios, em sua trajetória através de nosso sangue, são "carregados" por meio de uma globulina chamada SHBG. Pois bem: os fitoestrogenos aumentam os níveis da SHBG e, em conseqüência, melhoram a função dos estrogênios naturais.

Os Fitoestrogenos como Protetores do Câncer de Mama

Um dos grandes fatores para o aumento do medo inconsciente coletivo dos hormônios sintéticos foi a publicação de estatísticas ligando a reposição hormonal ao câncer de mama. Porém, cada vez mais se associa um fator psicológico traumático ocorrido recentemente ao aparecimento de vários tipos de câncer. Alguns estudos citam uma regra dos 18 meses: segundo essa hipótese, teoricamente surgiria um tumor cancerígeno aproximadamente um ano e meio após um fato traumático na vida da pessoa, como uma separação, a perda de um parente significativo ou um prejuízo econômico.

Parece haver um gene para o câncer, com o qual nascemos e que permanece adormecido em nosso organismo. Essa falha genética herdada (oncogene) fica à espera de algum fator desencadeante para então manifestar-se. Esse oncogene é encontrado nas células do tecido que corresponde, em cada ser humano, ao "órgão de menor resistência", ou órgão-alvo, para a somatização. Para alguns, o estômago; para outros, o fígado; e em algumas famílias, especificamente nas mulheres, o seio. Como um fenômeno traumático seria o início para o crescimento do tumor, a perda da menstruação (menopausa) no climatério seria uma vivência de luto. A menstruação significa, inegavelmente, uma representação da feminilidade. Sua ausência é sinal da implacável passagem do tempo.

A esse cenário depressivo some-se a queda dos hormônios naturais, os estrogênios que, como vimos, são vitais para a manutenção das características positivas femininas. O inconsciente coletivo de temor e desinformação de que a terapia de reposição hormonal leva ao câncer, aliado ao fato de o médico receitar um paliativo artificial e seus possíveis efeitos colaterais, para repor aquilo que ela está perdendo (a feminilidade), cria um palco perfeito para um drama. Assim, a mulher situa-se em mais um dilema: fazer ou não a reposição hormonal. A resposta pode ser a realização da reposição através de fitoestrogenos. Muitos estudos têm demonstrado que a genisteína tem a capacidade de inibir o crescimento de várias linhagens de células de câncer do seio. Outros trabalhos mostram que a união de dois fitoestrogenos com os receptores estrogênicos é potencialmente menos estimulante ao câncer de mama que o complexo hormônio sintético-receptor estrogênico. Para a prevenção da osteoporose, outra ameaça para a mulher durante o climatério, sabe-se que a iprifilovana, uma isoflavana sintetizada para esse tratamento, é tão eficaz quanto os produtos já conhecidos. Enfim, as isoflovanas vêm se mostrando uma boa alternativa nessa fase por seus efeitos benéficos e ausência de efeitos colaterais.

Climatério e Empresas do Futuro

A busca de medicamentos de qualidade para aquelas mulheres que sofrem com a descompensação hormonal durante o climatério não é fortuita. A participação maciça das mulheres no mercado de trabalho é um poderoso estímulo para as indústrias farmacêuticas que têm nesse nicho um enorme mercado consumidor.

Por outro lado, o objetivo das empresas que investiram nos últimos anos em funcionárias na faixa dos 35 aos 45 anos, que formarão 52% do contingente que estará em condições de assumir cargos administrativos de liderança, é cuidar para que o climatério descompensado não se torne um prejuízo ao investimento realizado.

Uma empresa que não leva em consideração as mulheres que foram fiéis e tiveram carreiras ascendentes nos últimos 20 anos terá um contingente feminino em franca disciclicidade hormonal, com sua inteligência hormonal minando suas inteligências racional e emocional, acumulando sérios prejuízos com lamentáveis conseqüências.

Assim, a inteligência empresarial implica investir maciçamente na harmonização da ciclicidade feminina de forma preventiva para impedir prejuízos no futuro.

Após a década de 1960, o número de mulheres que ascenderam na escala hierárquica das empresas foi muito grande. Porém, os cargos mais altos ainda estavam nas mãos de homens. À medida que se aposentavam, essas executivas foram chegando ao topo da escala, ainda em idade jovem (entre 35 e 45 anos).

A primeira geração a ter carreira em tempo integral fora de casa agora assume esse papel no climatério. Dados estatísticos mostram que em 1990 as empresas de proprietárias do sexo feminino contavam com 11 milhões de pessoas, enquanto que as 500 maiores empresas listadas pela revista *Fortune* empregavam ao todo 12,3 milhões (*Megatender*, pág. 89).

Em 1977, empresas americanas de propriedade de mulheres faturaram US$ 25 milhões, sendo que em 1988 esse valor subiu para US$ 83 milhões (*Megainfluências para as mulheres*, pág. 93). Se elas estão aumentando vertiginosamente sua capacidade produtiva e participativa na sociedade, a natureza lhes vem impondo uma diminuição da fertilidade (média de 2,1 filhos, no mundo ocidental), ao passo que as mulheres de vida não-competitiva ainda mantêm altas taxas de fertilidade.

Andropausa

Muitos médicos consideram que o homem tenha algo idêntico à menopausa feminina, por analogia semântica: a andropausa.

Nesse contexto, a andropausa seria considerado o período em que o homem manifestasse diminuição da atividade sexual, acompanhada por alterações na cognição, no humor, na atividade física, na massa muscular e na densidade mineral óssea. Entre outras causas, estaria a diminuição dos níveis de testosterona.

Na menopausa existe o término da ovulação, com a conseqüente interrupção da menstruação, porém os hormônios continuam a ser produzidos em níveis cada vez mais decrescentes. O homem continua a produzir hormônios e espermatozóides. Por isso, é possível vermos homens com 60 anos tornarem-se pais.

Assim, do ponto de vista das inteligências racional, emocional e hormonal, não se fala em andropausa, mas sim em senectude, quando a produção hormonal segue o mesmo caminho da mulher: vai decrescendo de forma constante, progressiva e lenta até o fim da vida.

Conclusão

Fritjof Capra, em seu livro *O ponto de mutação*, resume alguns aspectos da interação entre a sociedade e a subjugação da QH:

"... A exploração da natureza tem andado de mãos dadas com a das mulheres, que têm sido identificadas com a natureza ao longo dos tempos. Desde as mais remotas épocas, a natureza — e especialmente a terra — tem sido vista como uma nutriente e benévola mãe, mas também como uma fêmea selvagem e incontrolável. Em eras pré-patriarcais, seus numerosos aspectos foram identificados com as múltiplas manifestações da Deusa. Sob o patriarcado, a imagem benigna da natureza converteu-se numa imagem de passividade, ao passo que a visão da natureza como selvagem e perigosa deu origem à idéia de que ela tinha de ser dominada pelo homem..."

É difícil acreditar que a menstruação, um fenômeno fisiológico — saudável e natural —, parte fundamental da inteligência hormonal, chegue ao século XXI como um tabu. O discurso apaixonado dos defensores da supressão menstrual, entre eles, infelizmente, muitas mulheres, parece fazer eco às mais estapafúrdias teorias — preconceituosas e obscurantistas — aceitas em tempos remotos.

Por seu aspecto assustador entre os povos primitivos e pelos mitos com que foi ritualizado durante os primórdios da civilização, deram-se sempre valores mágicos ao sangue menstrual, geralmente negativos. A religião judaica proibia que uma mulher menstruada sequer tocasse em um homem, seguindo os preceitos do Levítico que descreve ainda uma série de rituais para restaurar sua pureza ao fim do período menstrual.

No século XIV, nenhum estudioso da medicina tinha dúvidas: uma pessoa com lepra sofria deste mal porque havia sido concebida durante a menstruação. Também nessa época, a Igreja condenava relações sexuais durante essa fase do ciclo. Mas não para resguardar a mulher. A proibição acontecia porque aquele fluxo era potencialmente perigoso para a saúde do marido.

Sua malignidade era tão difundida que dizia-se que o catamênio, outro nome dado à menstruação, tinha capacidade de murchar e secar flores, árvores e ervas, talhar o leite, azedar o vinho, cobrir de ferrugem peças de ferro. Seu cheiro era remanescente dos eflúvios do inferno, capaz de matar uma criança no berço.

Há menos de 300 anos a menstruação também tinha a qualidade de enlouquecer as pessoas. Mas não se trata da

TPM. Doutores da Igreja denunciavam e mandavam queimar "feiticeiras" acusadas de preparar poções mágicas com o sangue das regras. Seu efeito era tão poderoso que podia matar um homem ou levá-lo à loucura.

Se os tais sábios tivessem conhecimentos sobre os estrógenos, os ferormônios e sua poderosa ação, provavelmente as mulheres teriam sido condenadas a viver trancadas em suas casas, o que de fato acontecia durante o período menstrual.

Mas nem sempre o corpo feminino foi relacionado ao mal. Várias tribos indígenas celebram a data como um ritual de passagem da infância para a fase adulta, cercado de festividades e práticas, entre elas tatuagens, adornos corporais e outros.

Entre os povos celtas, a lua era uma deusa e as mulheres, por terem ciclos parecidos com os lunares, estavam diretamente em conexão com essa divindade. Ela regia as colheitas e o plantio, cuidava da fertilidade e da abundância dos rebanhos. Era, enfim, a protetora da terra. As quatro fases da lua — nova, crescente, cheia e minguante — tinham relação direta com a vida feminina. Ao longo de sua existência, as mulheres são virgens, mães, anciãs e em determinadas épocas do mês, menstruam, o que vai possibilitar em ciclos vindouros a realização de suas metas.

Antes de endossar atitudes drásticas com relação ao próprio corpo, as mulheres precisam ponderar a respeito das experiências hormonais e da ação de fármacos em seu organismo. Hoje, em nossa civilização ocidental, moldada pela globalização, menstruar adquiriu um caráter de inutilidade. Muitas pessoas ainda não se deram conta de que a ciclicidade feminina apresenta uma inteligência incontestável. E que ignorá-la pode representar uma perda tremenda.

Ao longo dos últimos milênios, a natureza vem moldando um ser perfeito que luta contra a subjugação. Sinceramente espero que a inteligência hormonal da mulher cicatrize as feridas deste século e resgate a dignidade de Lilith, subjugada por seis mil anos de cultura machista e bélica, e, quem sabe, transforme este no Século da Feminilidade.

REFERÊNCIAS BIBLIOGRÁFICAS

ABURDENE, P., NAISBITT. *Megatendências para mulheres*. Rio de Janeiro: Rosa dos Ventos, 1993.

CAPRA, F. *O ponto de mutação*. Cultrix, 1982.

CHABROL, H. *A depressão do adolescente*. Trad. Graciema Pires Therezo. São Paulo: Papirus, 1990.

CHARBONNEAU, P-E. *Adolescência e liberdade*. São Paulo: EPU, 1980.

COSTA, M. *A pílula do prazer. Como o Viagra está revolucionando o comportamento e as relações entre casais*. São Paulo: Gente, 1999.

_____. *Sexo: o dilema do homem. Força e fragilidade*. São Paulo: Gente, 1993.

CRENSHAW, T. L. *A alquimia do amor e do tesão: como os hormônios sexuais determinam quem, quando e com que freqüência nós amamos*. Trad. Alice Xavier. Rio de Janeiro: Record, 1988.

DAMIÃO, R.; GLINA, S.; FERREIRA JARDIM, C. R.; TELIOKEN, C. I Consenso Brasileiro de Disfunção Erétil. São Paulo: BG Cultural, 1998.

Dicionário de especialidades farmacêuticas: DEF 98/99, 27ª ed. Rio de Janeiro: Publicações Científicas, 1998.

FILHO, J. L. "Ela quer dividir a tarefa doméstica para ganhar mais". In: Folha de S. Paulo, 30 de maio de 1999.

GALLATIN, J. E. Adolescência e individualidade: uma abordagem conceitual da psicologia da adolescência. Trad. Antônio Carlos Amador Pereira e Roseane Amador Pereira. São Paulo: Harper & Row do Brasil, 1978.

GLINA, S. (Im)potência sexual: mitos & verdades. São Paulo: Contexto, 1997.

GLINA, S.; MARTINS, F. G. "Sinonímia e definições". In: GLINA, S.; DAMIÃO, R. (eds.). I Consenso Brasileiro: Infertilidade Masculina. São Paulo: BG Cultural, 1997, p. 5.

GOLDENSTEIN, E. Adolescência: a idade da razão e da contestação. São Paulo: Gente, 1995.

GOLDSTEIN, I.; ROTHSTEIN, L. The Potent Male. Facts, Fiction, Future. Los Angeles: Body Press, 1990, p. 9-40.

GOLEMAN, D. Inteligência emocional: a teoria que redefine o que é ser inteligente. Trad. Marcos Santarrita. Rio de Janeiro: Objetiva, 1996.

GRAEFF, F. G. Drogas psicotrópicas e seu modo de ação. 2ª ed. rev. e ampl. São Paulo: EPU, 1989.

HALBE, H. W. Tratado de ginecologia. Roca, 1982.

JARDIM, C. R. F.; Da ROS, C. T.; LORENZINI, F. "Fatores de risco e prevenção da infertilidade no homem". In: GLINA, S.; DAMIÃO, R. (eds.). I Consenso Brasileiro: Infertilidade Masculina. São Paulo: BG Cultural, 1997, p. 11-16.

LE GOFF, J. As doenças têm história. Lisboa: Terramar, 1985.

LEVISKY, D. L. Adolescência: reflexões psicanalíticas. 2ª ed. rev. e ampl. São Paulo: Casa do Psicólogo, 1998.

MACHADO, A. Neuroanatomia funcional. 2ª ed. São Paulo: Atheneu, 1993.

NODA, Mc GEER & Mc GEER. *Neusibiology of Aging*, vol. 3, p. 173-178, 1982.

OLIEVENSTEIN, C. *O não-dito das emoções*. Trad. Angela Melim. Rio de Janeiro: Jorge Zahar Editor, 1987.

PAGANI, E.; GLINA, S.; TORRES, L. O.; PUECH-LEÃO, P.; REIS, J. M. S. M. "Antropometria peniana em brasileiros". 5º Congresso da Associação Brasileira para o Estudo da Impotência, São Paulo, 1999. Anais, p. 39.

POLLACK, R. *O corpo da deusa*. Rio de Janeiro: Rosa dos Tempos, 1998.

RAMSEY, N. "A mulher do próximo milênio". Revista *Exame*, edição 703, ano 33, n. 25, 15 de dezembro de 1999, p. 50-54.

REIS, J. M. S. M.; FURLAN, V. "Anatomia e fisiologia da ereção". In: REIS, J.M.S.M.; RODRIGUES Jr., O. M. (eds.). *Impotência sexual, uma abordagem multidisciplinar: um guia para psicoterapeutas, médicos e educadores*. São Paulo: Instituto H. Ellis, 1993, p. 13-15.

RODRIGUES Jr., O. M. "Etiologia psicológica da disfunção erétil: as várias formas de classificação". In: REIS, J. M. S. M.; RODRIGUES Jr., O. M. (eds.). *Impotência sexual, uma abordagem multidisciplinar: um guia para psicoterapeutas, médicos e educadores*. São Paulo: Instituto H. Ellis, 1993, p. 77-89.

SETIAN, N. *Endocrinologia pediátrica: aspectos físicos e metabólicos do recém-nascido ao adolescente*. São Paulo: Sarvier, 1989 (Projeto Peixes), seções 1, 2 e 3.

SILVA, A. C. *Sexualidade comparada*. São Paulo: Verj.

SPRENGER, J.; Kramer, H. *O martelo das feiticeiras*. Rio de Janeiro: Rosa dos Tempos, 1993.

STEINER, C. *Educação emocional: um programa personalizado para desenvolver sua inteligência emocional*. Trad. Terezinha Batista dos Santos. 4ª ed., Rio de Janeiro: Objetiva, 1998.

VALLE, E. *Educação emocional*. São Paulo: Olho D'água, 1997.

Vários autores. *A história das mulheres*. Porto: Edições Afrontamento, 1990.

GLOSSÁRIO

ACICLICIDADE — Ausência de ciclos.

ADRENALINA — É um neurotransmissor com a meta de preparar o organismo para reagir diante de uma ameaça.

ANDRÓGENOS — Hormônios que definem os múltiplos aspectos da masculinidade. O principal é a testosterona, fabricada nos testículos, ovários e supra-renais.

CICLICIDADE — Fenômeno típico da natureza feminina que determina um movimento harmonioso de oscilações repetidas de variação de níveis hormonais, obedecendo a uma regra e métrica próprias.

CICLO — Série de fenômenos que se sucedem em uma determinada ordem.

CICLO MENSTRUAL — Série de alterações uterovarianas e fenômenos associados que ocorrem na mulher entre os períodos menstruais.

DISCICLICIDADE — Ausência de ritmo e harmonia na QH (Inteligência Hormonal) ou distorção entre as metas hormonais e as existenciais.

ENDORFINAS — São opiáceos naturais com a meta de aliviar a dor e oferecer sensações de prazer.

EUCICLICIDADE — Quando as oscilações são padrões, ou seja, harmônicas entre si, levando a uma coerência entre os níveis hormonais, ações e emoções da mulher.

FEMINILIDADE — Qualidade, caráter, modo de ser, de pensar ou viver próprio da mulher.

FEMINOLOGIA — Estudo da feminilidade como entidade cósmica.

GONADOTROFINA CORIÔNICA — Esse hormônio só entra em ação quando a mulher está grávida e sua meta é levar a gestação até o término através da função placentária. Ele é produzido a partir da fecundação do óvulo por tecidos que compõem a gestação.

HIPERCICLICIDADE — Ciclos e harmonia aumentados, porém conhecidos e até voluntários. Exacerbação de tudo o que está relacionado ao ciclo menstrual.

HORMÔNIO (*Dicionário Aurélio*) — Secreção glandular lançada no sangue e que atua sobre funções orgânicas como excitante ou regularizador. A palavra deriva do grego *hormao*, e significa excitar, estimular ou colocar em movimento rápido.

INTELIGÊNCIA EMOCIONAL — Capacidade intelectual humana de controlar as emoções e que interfere diretamente no desenvolvimento da inteligência humana.

INTELIGÊNCIA HORMONAL — Capacidade aprendida de reconhecer a ciclicidade e utilizá-la produtivamente em direção às metas existenciais, humanas e individuais.

INTELIGÊNCIA INTERPESSOAL HORMONAL — Aptidão pessoal de perceber nos outros informações provindas de movimentos ou impulsos hormonais e víscero-sentimentais. Exemplo disso: na mulher, o carinho e o impulso para amamentar seu filho — o que se está percebendo é um sinal de ação da prolactina em um víscero-sentimento.

INTELIGÊNCIA INTERPESSOAL — Capacidade de compreender outras pessoas, o que as motiva, como trabalham, como vivem e como criam elos.

INTELIGÊNCIA INTRAPESSOAL HORMONAL — Capacidade de autoconhecimento, auto-observação, enfim, autoconsciência dos nossos sinais hormonais, víscero-sentimentais. Exemplo dessa capacidade é perceber em si mesmo desejo sexual, impulso por reproduzir-se, ou impulso de ajudar a si mesmo a ser feliz.

Inteligência intrapessoal — Aptidão correlata à INTELIGÊNCIA INTERPESSOAL, voltada para o nosso ego. É a capacidade de formar um modelo preciso de si mesmo e de como age na vida.

Inteligência racional — Aquilo que nossa mente concebe como provindo da razão lógica.

Isociclicidade — Quando as variações dos níveis hormonais são semelhantes, mês a mês, levando a fenômenos emocionais e biológicos harmônicos.

Ocitocina — Secretada pela hipófise posterior, porém encontrada em todos os tecidos corpo, está ligada ao contato físico. Como é um hormônio ligado ao toque, nos acompanha desde o nascimento até a morte, só desaparecendo quando não somos mais tocados.

Progesterona — Hormônio cuja meta é a maternidade; produzido principalmente pelo ovário, aproximadamente a partir do 15º dia do ciclo, a partir da ovulação.

Prolactina — Hormônio que alterna funções ligadas à amamentação e à performance sexual de homens e mulheres. Produzido pela hipófise, é diretamente subordinado ao córtex.

Quociente de inteligência (*Dicionário Aurélio*) — Psicol. Proporção entre a inteligência de um indivíduo, determinada de acordo com alguma medida mental e a inteligência normal ou média para sua idade. Sigla: QI. O mesmo que **Coeficiente de inteligência**.

Serotonina — É um neurotransmissor que tem como meta a modulação do humor. Quando alta, gera euforia; quando muito baixa, a depressão até o nível de levar ao suicídio.

Ultraciclicidade — Ritmo e harmonia de limites exagerados ou descompensados. Ação hormonal tão intensa que interfere no QI e QE.

Conheça mais sobre nossos livros e autores no site
www.objetiva.com.br

Venda direta pelo Disque-Objetiva:
0800 224466 (ligação gratuita)

markgraph

Rua Aguiar Moreira, 386 - Bonsucesso
Tel.: (21) 3868-5802   Fax: (21) 270-9656
e-mail: markgraph@domain.com.br
Rio de Janeiro - RJ